# *O poder do perdão*

*A história da família Ota*

Sandra Regina Mathias

**Editora**

*Revisão*
Luciana R. de Castro

*Projeto gráfico e diagramação*
Fulvia Zonaro • Lummi Editorial

*Capa*
Fabrício Picone

*ISBN 978-85-88886-32-2*

Proibida a reprodução total ou parcial desta obra, em qualquer forma ou por qualquer meio: eletrônico, mecânico, xerográfico, sem a expressa autorização da Editora, conforme Lei n°-9.610 de 19/02/1998.

Direitos exclusivos para a língua portuguesa reservados para Editora Isis.

*Editora Isis*
www.editoraisis.com.br

Edição 2008

*Dedico este trabalho à memória de Ives, com carinho e respeito.*

*À todas as crianças, vítimas da violência em nosso país.*

*Aos meus filhos, Gustavo e Ana Paula, e aos meus sobrinhos Vinícius e Fernando, para os quais sonho com um futuro de paz e de justiça.*

# Agradecimentos

Tenho a felicidade de constatar que foram muitas as pessoas que estiveram ao meu lado e que contribuíram e acreditaram na conclusão deste trabalho.

Agradeço sinceramente:

À minha mãe Adelina e ao meu irmão Mathias pelas provas de amor que me fortalecem diariamente.

Ao meu marido Humberto, que no dia do vestibular estava ao meu lado e afirmou orgulhoso: "Você vai conseguir!".

À professora Jaqueline Lemos pela orientação dedicada, competente e bem-humorada. Pela paciência e compreensão com os meus "surtos de insegurança e ansiedade" e, sobretudo, pela firmeza e carinho.

Aos professores Renata Carraro e Alex Criado, pelo brilhante e exaustivo trabalho como mestres e coordenadores do Curso de Jornalismo da UniSant'anna.

A ela, por sua determinação em me mostrar que nem sempre o caminho mais cômodo é o que leva à felicidade. A ele, pela sua generosidade em continuar nos acompanhando de perto e torcendo pelo nosso sucesso.

Ao professor Dimas Künsch, pela confiança e amizade. E também, por ter ensinado – a nós, seus alunos – que o repórter precisa de dois requisitos básicos para conseguir "garimpar" belas histórias: sensibilidade e humanização.

À Mônica Martinez e Ana Vasconcelos pela presença constante, bate-papos, conselhos e até pelos merecidos "puxões de orelha".

À amizade – antiga e recente. À amizade que sempre se renova: à Solange De Vita, irmã e companheira de toda uma vida. E à querida Ana Paula Souza Santana que acaba de chegar e já conquistou o seu espaço na minha vida.

À Cristina Sato pela grande colaboração. Pela sensibilidade de levar-me pela mão a uma incrível viagem pela cultura oriental.

Ao pesquisador Nelson Carrera, por ter partilhado comigo o seu trabalho sobre imigração e pelas preciosas fotos dos navios Arizona e Argentina Maru.

À Iracy, Ana Paula, Edna, Karen e a todos os funcionários e voluntariado do Movimento Paz e Justiça Ives Ota pelo acolhimento e ajuda nas pesquisas.

Especialmente, à Keiko e Masataka Ota pela coragem e generosidade de dividirem comigo a sua história de vida, sem a qual esse projeto não seria possível. E o meu sonho, também não...

*Nasceste no lar que precisavas,*
*vestistes o corpo físico que merecias,*
*moras onde melhor Deus te proporcionou,*
*de acordo com teu adiantamento.*

*Possuis os recursos financeiros coerentes*
*com as tuas necessidades, nem mais, nem menos,*
*mas o justo para tuas lutas terrenas.*

*Teu ambiente de trabalho é o que elegeste*
*espontaneamente para a tua realização.*

*Teus parentes e amigos são as almas que atraíste,*
*com tua própria afinidade.*

*Portanto, teu destino está constantemente sob teu controle.*

*Tu escolhes, recolhes, eleges, atrais, buscas,*
*expulsas, modificas tudo aquilo que te rodeia a existência.*

*Teus pensamentos e vontades são a chave de*
*teus atos e atitudes...*

*São as fontes de atração e repulsão na tua jornada vivência.*

*Não reclames, nem te faças de vítima.*

*Antes de tudo, analisa e observa.*

*A mudança está em tuas mãos.*

*Reprograma tua meta, busca o bem e viverás melhor.*

*Embora ninguém possa voltar atrás e fazer*
*um novo começo, qualquer um pode começar agora*
*e fazer um novo fim.*

*Chico Xavier*

# Prefácio

### Repórter com "R" maiúsculo

Tanto já se disse e tanto já se escreveu sobre o repórter, o que ele é e o que ele não é. Por exemplo, que repórter tem que gastar a sola do sapato, que lugar de repórter é na rua etc. Tudo muito certo, mas a autora destas páginas, aprendiz de feiticeira, mostra que é possível ir mais longe. Ou mais profundamente, nas coisas que de fato contam.

É assim que Sandra Mathias faz da rua um conceito mais amplo, mais humano do que muita gente pensa. Freqüentando as ruas da vida – é isso mesmo –, ela descobre e se encanta com as histórias que é preciso que sejam contadas. Nas páginas a seguir, a história do pequeno Ives ganha corpo e comove com facilidade o leitor atento, esse que não perdeu nem dispensou a competência de se emocionar com os mais importantes episódios e detalhes do cotidiano.

A história, que é trágica, mas que acaba se transformando numa grande e muito bela lição de vida, é contada de uma maneira singular. A autora dá ouvidos a quem ou ao que está em silêncio.

Não é somente o relato de um seqüestro e de seu desfecho. É uma história de vidas, lugares, culturas e sentimentos. É um tipo de narrativa agradável, deliciosa – sem perder jamais de vista a seriedade dos assuntos tratados –, que se lê num só fôlego, sem

*O poder do perdão*

intervalos. Prende de tal modo a atenção, que parar de ler é um verdadeiro desafio, mesmo nos momentos mais angustiantes.

A descrição é minuciosa, no capricho, com engenho e arte. Sandra leva o leitor ao local dos acontecimentos. Ele é capaz de sentir o balanço do mar quando a avó do menino Ives, na época uma adolescente, chega ao Brasil a bordo do Arizona Maru. O leitor pode ouvir o barulho das máquinas de costura das quais Keiko e Massa, pais de Ives, arrancam o sustento da família.

A sensibilidade, o tato e a competência narrativa não apenas levam o leitor aos diversos cenários onde a vida se desenrola. Sandra quer que o leitor se sinta parte dessa história. Cúmplice. Muito especialmente nos momentos gloriosos – mesmo na dor – em que a esperança e a fé no ser humano falam mais alto.

Que o leitor consiga fazer silêncio para contemplar a incrível força com que essa família foi capaz de enfrentar a tragédia. Força assim ninguém adquire da noite para o dia. É uma aprendizagem. A vida dos pais de Ives, vivida intensamente, mesmo nos momentos mais difíceis, os fez capazes de não sucumbir frente a esse que foi o episódio mais traumático de todos.

É uma família que não desiste e que acredita que tudo na vida tem um porquê. É esse porquê que a autora, de forma "humanamente humana", procura desvendar e trazer até nós.

De que adiantaria ao repórter gastar sola de sapato e percorrer tanta rua se não fosse com essa atenção solidária? Cheio de tantas histórias, o mundo reclama e exige bons repórteres. Humanos. Comprometidos. Muito humanos e muito comprometidos.

Como Sandra.

Dimas A. Kunsch[1]

---

[1] Dimas A. Künsch é doutor em Ciências da Comunicação pela USP, professor de pós-graduação na Faculdade Cásper Líbero e pesquisador. É autor, entre outros, de *Maus pensamentos:* os mistérios do mundo e a reportagem jornalística (São Paulo: Annablume/Fapesp, 2000).

# Sumário

Capítulo 1 – O ajudante do dia    3

Capítulo 2 – A terra prometida    9

Capítulo 3 – Espírito Utinanchú    25

Capítulo 4 – Nada é por acaso    39

Capítulo 5 – Reféns do medo    53

Capítulo 6 – Bandidos de farda    65

Capítulo 7 – O exercício do perdão    75

Capítulo 8 – A justiça    87

Capítulo 9 – Mistérios da vida    99

Capítulo 10 – Pela paz    113

Making of    123

Referências    125

Iconografia    131

Anexos: Movimento da Paz e Justiça Ives Ota    133

Calendário de atividades    135

*O poder do perdão*

# Capítulo 1

## O ajudante do dia

> *Todos precisam de muito amor. Só dando amor,*
> *carinho e respeito que podemos exigir o mesmo para nós.*
> *Devemos ser amigos das pessoas, dos animais e da natureza.*
> *(Trecho de um trabalho de Filosofia, retirado*
> *de um caderno de Ives.)*

A professora Izilda prepara-se para o primeiro dia de aula depois da trágica notícia. Começa a subir as escadas e pára, de repente. A turma da 2ª série C está calada; não conversa nem brinca, como de costume. O silêncio a incomoda. Não sabe como irá explicar a terceira carteira vazia no canto da sala. Senta nos degraus e chora.

A escola está em alvoroço. O grande movimento de repórteres e fotógrafos assusta as crianças. Entrevistam o diretor, a coordenadora e os funcionários. Querem detalhes sobre o menino assassinado, seu comportamento e rotina.

Izilda foge das câmeras e microfones. Não tem condições de falar sobre o assunto.

Tudo começou há dez dias, quando Ives passou a faltar às aulas. Aluno assíduo, sua ausência chamou a atenção da professora e colegas.

*O poder do perdão*

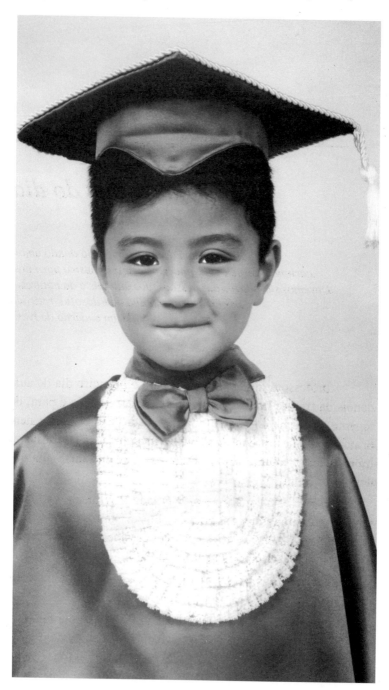

A coordenadora Renata telefonou para os pais e foi informada de que ele estava com sarampo e sob cuidados médicos. Ficaram tranqüilos. Afinal, era só uma doença de criança.

O diretor e proprietário Luiz Carlos, porém, andava nervoso e agitado. Ele era o único que sabia da gravidade da situação. Tinha prometido à família manter segredo.

Ives chegou ao Colégio Santa Isabel no início de 1997. Ele e a irmã Vanessa, estudavam numa grande e tradicional escola do Tatuapé, quando surpreendeu os pais com o pedido:

*"Quero estudar na mesma escola dos meus primos".*

Keiko o levou para conhecer o colégio e ficou admirada com a sua alegria. O lugar era pequeno e humilde. O filho, no entanto, corria pelo pátio, feliz, como se já estudasse ali há muitos anos.

*"É isso mesmo que você quer?"*

*"Sim, mamãe. É aqui que eu quero ficar."*

A adaptação foi rápida. Mostrava-se familiarizado com o ambiente e, logo, foi aceito pelos colegas. Era calado, mas demonstrava um vivo interesse pelas coisas ao seu redor. Sua alfabetização, na primeira série, tinha sido excelente e isso se refletia nos trabalhos e atividades propostas.

Candidatava-se às leituras de textos quando não havia voluntários. Aceitava com bom-humor as diversas tarefas e exercícios sugeridos pela professora. Nunca deixava de fazer o dever de casa.

Detalhista e caprichoso usava lápis coloridos para destacar os títulos. Desenhava e escrevia recados carinhosos nas páginas dos seus cadernos.

*"Prô, eu gosto muito de você".*

Izilda não era vaidosa. Vestia uniforme como todos os funcionários e raramente usava maquiagem ou enfeites como brincos, pulseiras e colares. Porém, bastava passar um batom para ser imediatamente notada pelo menino.

*"Nossa prô, hoje você está diferente!"*

A professora sorria, divertida. Não é que o garoto tinha percebido?

Ives também era aplicado. Destacava-se nas pesquisas e trabalhos, o que lhe valeu algumas medalhas e homenagens.

Apesar de todas as suas qualidades, era apenas uma criança. Pensando em tudo isso, Izilda não se conformava com a crueldade dos bandidos. Não podia acreditar que tivessem tido a coragem de tirar a vida de um menino de oito anos, indefeso e que não poderia fazer mal a ninguém.

Todos tiveram que ter muita paciência com ela. Nas primeiras semanas após o assassinato, chorava com facilidade e muitas vezes, precisava ser substituída por uma auxiliar e até dispensada do trabalho.

Numa tarde, ao entrar na sala, reparou na singela e infantil homenagem: um cravo branco em uma pequena garrafa d'água sobre a mesa vazia do aluno. Sentiu um aperto no coração e teve que fazer um enorme esforço para terminar a aula. A flor permaneceu durante dias no mesmo lugar, até que desapareceu. O mais difícil, entretanto, era ter que explicar às crianças o significado das reportagens e matérias que traziam, diariamente, sobre o caso. Passaram a acompanhar o noticiário e a enchiam de perguntas dolorosas e para as quais não tinha resposta.

Agiam como se o colega continuasse doente. Ninguém ocupava a sua carteira e foi preciso um remanejamento na sala para resolver a situação.

Sentada nos degraus da escada, recordava alguns momentos especiais. O encontro inusitado no Playcenter, nas férias de julho, era um deles. Passeava com o marido e a cunhada, quando ouviu chamarem o seu nome.

*"Professora Izilda!"*

Viu Ives, que saía de um brinquedo, correr ao seu encontro. Estava suado, com os cabelos despenteados e um ar de felicidade.

*"Você está sozinho?"*, perguntou preocupada.

*"Não, prô. Estou com meus primos. Meu pai vem buscar a gente mais tarde".* Animado, contou a ela que queria subir em todos os brinquedos, mas os seguranças não deixavam por causa do seu tamanho.

A professora argumentou que alguns deles eram perigosos. E ele respondeu:

*"Mas eu não tenho medo de nada!"*

Despediu-se tranqüila ao ver que estava acompanhado. De longe, viu que o grupo tomava um lanche, conversando e brincando.

Entretanto, o que mais a fazia sofrer era recordar a última sexta-feira. Sabia que não poderia ter impedido a tragédia, mas isso não diminuía a sua dor.

Ives tinha sido o ajudante do dia, um privilégio que todos disputavam com ansiedade. Ser o monitor e auxiliar o professor nas tarefas rotineiras fazia com que se sentissem úteis e orgulhosos. Recebiam um crachá que era o passaporte para as idas à coordenação buscar material, levar recados, distribuir os cadernos e recolher os trabalhos. Ao final da aula, levavam-no para casa como um troféu que seria exibido à família. Dia seguinte, passavam "o cargo" para o próximo colega escolhido.

*"Bom final de semana, Ives."*

*"Tchau prô".*

Alegre, o menino leva o seu crachá pendurado no pescoço.

O ajudante de segunda-feira ficaria sem identificação.

Ives nunca mais voltaria à escola.

## Capítulo 2

## A terra prometida

*A avó materna e Ives tinham muita afinidade. Vovó Tsuru
era divertida, alegre e companheira. Havia trabalhado
na lavoura durante muitos anos para prover o sustento dos filhos.
Agora, velhinha, acompanhava o neto em sua primeira experiência:
o cultivo de um pezinho de morango em um vaso de flores.
Não ficou surpresa quando ele, carinhosamente,
lhe ofereceu a primeira fruta colhida.
Era a vida se reciclando...*

### Destino

Na amurada do navio, a menina Tsuru avista, pela primeira vez, os contornos da costa brasileira. Seu coração bate mais forte naquela manhã de 25 de março de 1933. Após dois meses de confinamento a bordo do Arizona Maru, havia finalmente chegado ao seu destino.

Sozinha, inexperiente e aos dezessete anos de idade, atravessa corajosamente os mares para cumprir o acordo feito por sua família: casar-se com Nió Miyashiro, conterrâneo da Ilha de Okinawa.

*O poder do perdão*

Imaginava como seria o futuro marido. Embora nunca o tivesse visto, tinha a sensação de conhecê-lo. Ele era dez anos mais velho e havia imigrado para o Brasil quando ela era apenas uma criança de cinco anos de idade. Supunha que tivesse se transformado num homem bonito, rico e elegante. Perdia-se nessas divagações quando a embarcação atracou no Porto de Santos.

Tsuru não nasceu em berço de ouro, mas foi bem educada. Aprendeu a ler, escrever e cantar. Foi, também, cuidadosamente preparada para assumir os encargos de uma casa e para criar os próprios filhos. Era bonita e chamava a atenção pelos trajes apurados, longos cabelos negros e, principalmente, pela tez de sua pele muito branca e delicada, como a de todas as moças da capital.

Quando Nió apresentou-se, Tsuru ficou decepcionada. Seu noivo era um rude camponês, de rosto crestado pelo sol intenso e mãos calejadas pelo trato constante na lavoura. Sua primeira reação foi a de um choro descontrolado. Desejou retornar imediatamente para a segurança de sua casa. Os sonhos e planos que havia feito desabaram assim que pusera os olhos no rapaz.

*"Quero voltar para o Japão, quero voltar"*, repetia assustada.

Mais desconcertado do que ela estava o lavrador. Envergonhava-se de suas vestes surradas, da falta de refinamento e da própria aparência. Não se sentia a altura da mulher que haviam lhe prometido. Para piorar a situação, no meio da confusão do desembarque perdera o dinheiro que trazia enrolado em um pequeno lenço para as despesas, o que o deixava mais constrangido.

Passado o primeiro impacto, Tsuru acalmou-se e penalizada com a situação do rapaz juntou-se a ele. Refizeram o trajeto minuciosamente e por alguns minutos, esqueceram-se da aflição e do desconforto da chegada. Avistaram, ao mesmo tempo, no chão do cais o embrulho que procuravam e, juntos, correram para apanhá-lo. Foi nesse instante, que a mão rude do camponês tocou pela primeira vez a mão delicada daquela que seria a sua mulher. Olharam-se nos olhos e sorriram com cumplicidade. Na procura pelo dinheiro perdido, haviam se encontrado.

## Arizona Maru

O Arizona Maru faz parte do segundo grupo de vapores que transportaram imigrantes japoneses para o Brasil e foi construído pela filial do Estaleiro Mitsubishi Heavy Industries Ltd., em Nagasaki.

Lançado ao mar pela primeira vez em 1920, era um navio robusto que percorria a "Rota Paralela", criada para garantir o movimento de importação de algodão norte-americano ao Japão. Com o crescente número de cidadãos japoneses que desejavam imigrar para o Brasil e o acordo bilateral firmado em 1933 entre os dois países, passou a fazer a rota ao sul do Atlântico transportando imigrantes e comercializando café e algodão brasileiro.

Em sua primeira viagem ao Brasil com imigrantes japoneses, chega ao Porto de Santos em março de 1933. Tinha 150 metros de comprimento por 18 metros de largura e acomodações em duas categorias: a primeira classe, para 13 passageiros

e a classe imigrantes, com capacidade para transportar até 600 pessoas. As viagens em vapores dessa categoria levavam até 70 dias, dependendo da quantidade de escalas que se cumprissem durante o itinerário.

Para Haru, a viagem era assustadora e ao mesmo tempo fascinante. Como nunca havia saído de sua terra natal, tudo era novidade.

## A terra prometida

Instalada na classe dos imigrantes, observava com curiosidade o movimento da tripulação e dos seus conterrâneos. A maioria deles havia optado pelos trajes ocidentais para não causar estranheza na chegada ao Brasil. Ela mesma usava saia longa e justa e uma blusa de mangas curtas. Um pequeno chapéu e luvas brancas de algodão compunham o traje. A bagagem de quase todos estava acondicionada em baús de vime branco. Nelas não podia faltar a caixa de pós dentifrícios, escova para limpar os dentes, raspadeira para a língua, pente para o cabelo e no caso dos homens, a navalha para a barba. Preocupavam-se muito com o asseio do corpo, tomando repetidos banhos e mantendo sempre a roupa limpa.

Haru trazia também as suas vestes indispensáveis, um frasco de conservas, um molho para temperar alimentos, algumas raízes medicinais, cobertores acolchoados, casacos, livros, papel de carta, nanquim, *hashi*,[1] colheres pequenas para as refeições e outras miudezas.

Passava o tempo observando o mar e ouvindo as músicas dos imigrantes. Grande parte não conseguiu se desfazer do shaminsen, uma espécie de alaúde de três cordas indispensável em reuniões, festas e cerimônias. O som familiar os ajudava a suportarem a tristeza da grande travessia.

---

[1] Pauzinhos de madeira utilizados como talheres.

O Arizona Maru permaneceu no roteiro para o Brasil até a época das crises políticas brasileiras, no final da década de 30. Após a revolução que implantou a chamada Nova República e o sério problema de desemprego que afetava os cidadãos nativos, o Presidente Getúlio Vargas determinou que se restringissem a entrada de imigrantes. Com essa medida, todas as companhias marítimas tiveram que reduzir seus efetivos e o Arizona Maru passou novamente a operar a linha para os Estados Unidos.

Com o ataque à base naval de Pearl Harbor, Estados Unidos e Japão entram em guerra. Toda a marinha mercante japonesa é mobilizada e se perde em combate. O Arizona Maru foi bombardeado pela aviação norte-americana nas proximidades de Guadalcanal no dia 14 de novembro de 1942.

## Os irmãos Miyashiro

Durante dois séculos, o Japão foi sacudido por uma série de reformas nas áreas política, econômica e social. A mudança do regime feudal para o capitalista na Era Meiji, de 1868 a 1911, desorganizou e desintegrou a vida da maioria das pessoas, gerando desemprego e miséria.

A vinda dos japoneses para o Brasil foi, desde o início, fruto de acordos e entendimentos entre os representantes dos dois países. O Brasil surge como uma possível solução para resolver os problemas de excesso populacional e desemprego nas cidades japonesas. A escassez de mão-de-obra na indústria cafeeira e a grande quantidade de terras inexploradas traçam o retrato de um paraíso que possibilitaria aos imigrantes o rápido sucesso financeiro e retorno à sua pátria.

As primeiras levas de imigrantes japoneses com destino a São Paulo, começam a chegar a partir de 1908. É uma época de movimento migratório intenso por causa das altas taxas de inflação, aumento de tributos e empobrecimento da população japonesa.

O vínculo dos nipônicos com a terra natal era muito forte, devido aos laços com os antepassados. Em todo o Japão e especialmente na Ilha de Okinawa, existia a crença de que, após a morte, os espíritos tornavam-se entidades divinas e passavam, portanto, a serem cultuados e reverenciados. O dia de Finados Japonês sempre foi a data mais comemorada no país e, além disso, a celebração dos cultos e oferendas dentro do ambiente doméstico garantia proteção e harmonia para toda a família. Para a comunidade okinawana era um dia especial e o único momento do ano em que todos os membros de uma mesma família, vivos e mortos, podiam confraternizar. Por essa razão, os japoneses resistiam em sair de seus locais de origem e rejeitavam a possibilidade de viver definitivamente em outro país, optando assim, pela imigração temporária. Esta opção passa a ser legitimada pela política expansionista do Japão, na medida em que os dirigentes difundem o processo de imigração como uma ação idealista e de interesse nacional. A propaganda entusiasta do estado seria apontada futuramente, como um dos motivos para a decepção dos primeiros imigrantes que aqui chegaram.

Foi nessa época, que os irmãos Miyashiro vieram para o Brasil, seduzidos pelo sonho de fazer fortuna e regressar a sua pátria.

Ao conhecerem as fazendas de café, perceberam de imediato que não era o lugar adequado para viver. Os imigrantes trabalhavam em regime de semi-escravidão sob as vistas de um feitor, cuja presença tirava a liberdade das famílias. Além disso, havia outros inconvenientes que os incomodavam.

A permanência nas casas só era permitida às crianças pequenas e aos idosos; a partir dos doze anos de idade, todos eram consideradas mão-de-obra adulta. A dificuldade de comunicação entre feitores e trabalhadores causava tensão e medo. Não podiam ter suas próprias hortas e plantar seus legumes preferidos como pepino, berinjela ou nabo e nem prepará-los à moda japonesa. Não podiam sequer plantar flores para distração já que toda a redondeza era utilizada como pasto. E os irmãos Miyashiro, assim como todos os japoneses, amavam a vegetação mais do que os animais.

Jovens e cheios de energia, Diró, Matí e Nió decidiram pagar os altos custos da independência. Juntaram suas poucas economias e instalaram-se em Olímpia, interior de São Paulo, onde compraram um "pedaço de terra".

Administrando sua propriedade, viveriam desvinculados da vizinhança e manteriam os seus costumes. Sonhavam em construir um belo ofurô para os banhos noturnos, plantar verduras ao redor da casa, cultivar um enorme jardim e criar seus animais. Isto sim, parecia ser um atalho seguro para alcançar o sucesso. Poderiam, desta forma, planejar a longo prazo e no máximo dentro de dez anos, retornariam à Ilha de Okinawa vitoriosos e em condições de amparar a família. Essa esperança dava-lhes força para suportarem as privações e momentos de sacrifício que estavam por vir.

A "terra prometida", porém, revelou grandes desafios e dificuldades. O dinheiro acabou rapidamente. Não havia incentivos do governo, equipamentos ou ajuda de qualquer espécie. Viram-se entregues à própria sorte. O paraíso era a mata cerrada que precisava ser desbravada e, muitas vezes, utilizaram até sangrar o único instrumento que possuíam: as próprias mãos.

Passados dez anos, tinham apenas o necessário para sobreviver. Nió, cansado da solidão e pressentindo que talvez nunca mais voltasse ao Japão decidiu que já era hora de constituir a própria família. Escreveu aos pais e selou o acordo para que lhe enviassem a futura esposa.

## A roça

Encabulados e pensativos, Nió e Tsuru seguem para o interior de São Paulo. É na cidade de Olímpia que ele e seus irmãos compraram há doze anos, o terreno onde cultivavam arroz. Formaram, então, uma modesta colônia de lavradores que viviam dos produtos colhidos na roça.

Desde 1920, já se percebia uma concentração importante de imigrantes na região servida pela estrada de ferro Araraquarense. Esta seria uma das regiões do estado que mais se desenvolveria nas décadas seguintes, beneficiada pela marcha do café em direção ao Oeste Paulista. As cidades de São José do Rio Preto, Barretos, Olímpia, Catanduva, Taquaritinga e Monte Alto, todas na mesma região, abrigavam então um número bastante expressivo de colônias das mais diversas nacionalidades no interior de São Paulo.

Lá chegando, Tsuru assustou-se. As casas rústicas eram quase todas compostas de apenas dois cômodos: cozinha e quarto. Troncos de pequenas árvores, enfileirados, serviam de paredes e o telhado era coberto por sapé. Faziam parte da escassa mobília artesanal da cozinha uma pequena mesa, um balcão e um fogão à lenha. Poucos utensílios domésticos compunham o ambiente: alguns pratos e panelas, uma chaleira, uma gameleira para frutas e um ferro de passar roupa a carvão.

No quarto, o ambiente também era desolador. Havia duas camas com colchões de palha, um pequeno baú e cestos para roupa. A luz, muito fraca, vinha de um lampião a querosene. O chão era de terra batida. Pendurados nas paredes externas estavam os instrumentos de trabalho diário, apenas enxadas, pás, rastelos e foices. Era tudo.

Dessa vez, não reclamou do cenário pobre e tratou de acomodar seus pertences. Adormeceu otimista e acreditando que ao amanhecer tudo poderia ser diferente.

Visitou a colônia nos dias seguintes, ouvindo a história dos outros imigrantes e contando a sua. Percebeu, aos poucos, que não era a única a sentir-se triste e sem identidade naquela terra estranha. Todos os que ali estavam, haviam se separado de entes queridos e, assim como ela, passavam por um processo de perda, sofrimento e luto. Emocionou-se com suas descobertas.

A festa de casamento aconteceu uma semana após a sua chegada. Mataram um porco para a ocasião e cada um contribuiu com aquilo que sabia fazer. O lazer era raro por aquelas bandas e, portanto, uma comemoração era sempre bem-vinda.

Tsuru havia sonhado muito com aquele momento e agora, enquanto se preparava, não podia conter as lágrimas e a saudade de sua família. Não teria uma cerimônia tradicional e com os requintes reservados a uma moça de sua classe social no Japão.

Da janela do humilde quarto percebe que a noite chegou. O céu pontilhado de estrelas transforma-se, de repente, em milhares de lanternas japonesas. O luar despeja um clarão mágico sobre a grama, formando um imenso tapete. O perfume dos lírios e jasmins lembram os incensos dos grandes templos.

Enxuga as lágrimas. Vestindo um costume singelo e carregando um colorido buquê de flores do campo, caminha com passos firmes ao encontro do marido.

Os camponeses ali reunidos são, agora, a sua nova família. Para agradá-los, canta uma linda canção japonesa.

Sua voz sonora e cristalina silencia as aves noturnas e perde-se no infinito.

## Amor e sucesso

O marido, que a princípio lhe pareceu rude e sem cultura, possui uma personalidade forte e decidida. É atencioso com a esposa, carinhoso com os filhos e respeitado pelos conterrâneos. A admiração de Tsuru transforma-se num amor sólido e verdadeiro.

Nió saí para a roça ainda de madrugada e volta tarde da noite. O trabalho na lavoura exige sacrifício e suor para que possam obter bons frutos. Nem sempre o clima é favorável. Outras vezes, o valor da venda da colheita é inferior aos gastos. Porém, quando Tsuru se junta a ele, os negócios começam a melhorar. Na época da comercialização da colheita do arroz, conseguem excelentes preços por causa da sua grande habilidade como negociadora. Sabe conversar, argumentar e convencer.

Os filhos não tardam a chegar. Com eles, as despesas aumentam e o trabalho também. Porém, Tsuru não desanima e espalha alegria em torno das crianças, do marido e dos cunhados, desdobrando-se em cuidados.

Trabalha no campo, cozinha, lava e passa a roupa. Cuida de todos quando adoecem, utilizando as suas infalíveis receitas japonesas. Com elas, não há gripe, febre ou qualquer mal-estar que resista.

O remédio que faz mais sucesso é o seu milagroso antibiótico natural. Quando as crianças ou os adultos se machucam e as feridas inflamam, prepara uma fritada de ovos com bastante alho. A mistura precisa ser bem mastigada, porque segundo ela, o alho é um poderoso agente que limpa o organismo, eliminando a infecção. Sobre o ferimento utiliza uma pomada feita com batata ralada, farinha de trigo e vinagre. É tiro e queda: em pouco tempo, o doente está "pronto para outra".

Dorme quatro horas por noite e as tarefas nunca acabam antes do anoitecer. Muitas vezes, o único alimento da família consiste em arroz e feijão. Ainda assim, encontra tempo e disposição para improvisar brincadeiras junto com o marido, divertindo seus meninos e as crianças dos outros colonos.

Torna-se líder da colônia e uma espécie de conselheira e mediadora de conflitos. Requisitada para as mais diversas empreitadas, é querida e respeitada pelos que a rodeiam. Seus dez filhos crescem fortes e saudáveis. Seyei, Hatsuko, Teigi, Yoshiko, Yoiti, Yoneko, Tieco, Riroche, Keiko e Yôko podem reclamar de tudo, menos de amor, alegria e atenção. Depois de tanto trabalho, os Miyashiro tem, agora, um pouco mais de conforto e serenidade.

Tornam-se companheiros e confidentes. Dividem as decepções e conquistas. Fazem planos para visitar o Japão, o que só acontecerá muitos anos mais tarde, com os filhos já adultos.

A menina que não havia casado por amor é, agora, uma mulher apaixonada. O camponês que a havia assustado há tantos anos atrás é um homem generoso, trabalhador e honesto. Sente-se feliz por não ter brigado com o destino.

## Cidade grande

Cansados da vida sacrificada no campo, Tsuru e Nió migram para a periferia de São José do Rio Preto, no final da década de 50. Os filhos mais velhos já são adultos e querem viver na cidade. Os menores precisam de escolas, atendimento médico e outros confortos que a vida na roça não pode proporcionar.

Despedem-se da agricultura e investem suas economias em um comércio de alimentos. Fabricam massas, pães e molhos durante uma década e tornam-se prósperos e conhecidos. Os filhos mais velhos gerenciam o negócio, mas a inexperiência para o comércio gera a falência. Partem, então, para São Paulo, onde já reside uma das filhas casadas.

Alquebrados, sem dinheiro e especialização, teriam que começar do zero. Porém, desânimo era uma palavra que não existia no vocabulário dos Miyashiro e logo trataram de aprender um ofício que fosse rentável na cidade grande. Tornaram-se feirantes e costureiros. Pai, mãe e os dez filhos trabalhavam incansavelmente e revezavam-se nas tarefas. De manhã, vendiam produtos na feira. De tarde, costuravam para confecções do bairro do Bom Retiro. Os filhos estudavam no período noturno.

Como no campo, dormiam muito pouco, e às vezes causavam espanto na vizinhança. Com o tempo, os proprietários da padaria da esquina acabaram se acostumando a encontrar os meninos Miyashiro às 4 horas da madrugada esperando para comprar o pão.

Tsuru e Nió nunca praguejavam contra a sorte. O remédio para o desânimo era sempre o trabalho. E dessa maneira, o pai incentivava os filhos:

*"É apanhando na cara que a gente aprende. Vamos crescer de novo."*

Com sacrifício e perseverança deixaram de ser empregados e passaram a ter seu próprio comércio. Começaram com duas lojas de confecção de roupas e chegaram a proprietários de uma rede com 21 pontos espalhados por São Paulo. Mudaram-se para uma ampla casa na Vila Carrão e encontraram, enfim, a estabilidade que procuravam desde a sua chegada ao Brasil.

## A advogada

Keiko é bonita, educada e obediente. Enfrenta as dificuldades sem revolta ou tristeza. Não reclama de qualquer trabalho que lhe é destinado, seja ele na máquina de costura, na feira ou no balcão de uma loja. Como sua mãe, possui o viço da vida e o brilho daqueles que nasceram para serem felizes.

Já é adolescente quando se mudam para a Zona Leste de São Paulo. Nona filha do casal e uma das caçulas é muito mimada pelos pais, que raramente lhe negam qualquer desejo ou capricho.

*"A minha juventude foi muito alegre. Passeava, brincava o carnaval, freqüentava clubes, fazia atletismo e teatro. Gostava de discursar e participava de muitas atividades junto à colônia japonesa. Conquistei o título de Miss Carrão, com o apoio dos meus pais, imagine só? Uma japonesinha de um metro e meio..."*

A mãe era uma mulher culta, alegre e aberta. Gostava de comemorações, tinha muitas amigas e a casa vivia sempre cheia. Além disso, tinha seis filhas mulheres, o que já era suficiente para fazer da vida uma festa diária.

*"Éramos uma família feliz. Eu não sabia o que era sofrimento, porque era poupada de todos os problemas. Os meus pais eram fortes e seguros e tomavam as rédeas de tudo."*

Os Miyashiro tinham uma vida intensa. Apesar de Keiko ser tratada como uma princesa, trabalhava duro como todos os irmãos.

Era o auge da confecção e na véspera de Natal as lojas ficavam lotadas. Trabalhavam até a meia-noite, sem descanso. Depois de atender todos os fregueses ainda encontravam disposição para comemorar. Tomavam banho, faziam maquiagem, vestiam uma bela roupa e saíam para a festa. No outro dia, abriam a loja de novo e tudo recomeçava.

Keiko tinha muita liberdade para ir e vir e também para escolher o que mais lhe convinha. Conheceu Massataka Ota, filho de comerciantes da Zona Norte, aos dezoito anos e passou a namorá-lo, dispensando o filho de um deputado que queria um compromisso sério e que todos consideravam bom partido.

Foi a única dos dez irmãos a completar os estudos, bacharelando-se em Direito. Gostava de defender as pessoas e acreditava que poderia transformar-se numa excelente profissional. Embora esse fosse o seu sonho, nunca exerceu a profissão. As condições financeiras da família eram excelentes e decidiu continuar trabalhando com eles até o seu casamento.

Vivendo em seu mundo perfeito de Cinderela, ainda não sabia que no futuro, não só conheceria o sofrimento, mas o experimentaria de forma dilacerante e irreversível. Sua garra, seus estudos e o dom da oratória seriam testados para defender a primeira e a maior causa de sua vida.

*Sandra Mathias*

## Capítulo 3

## *Espírito Utinanchú*

*Ilha de Okinawa, Japão, ano de 1990.
Pai e filho brincam sobre o tatami.
Após tantos anos, Masataka Ota
realiza o sonho de rever sua pátria.
Ao seu lado, o bebê Ives, de nove meses,
ensaia os primeiros passos.
A brisa do mar, o céu azul e o cheiro
da terra o transportam para a infância.*

### A Ilha de Okinawa

Enormes castelos de pedra construídos nas montanhas podiam ser avistados desde o oceano. Cerradas florestas, vegetação e animais exóticos, um clima tropical e ensolarado fazia do Reino de Ruykyu um paraíso, se comparado às outras províncias da região. Situado ao sul do Mar da China, o arquipélago composto de 160 ilhas, era cobiçado e disputado pelos impérios Chinês e Japonês.

Okinawa é a maior de suas ilhas. Por sua localização privilegiada, situada no meio da rota comercial entre o Japão, China,

Coréia, Sudeste Asiático e Austrália, comercializava livremente com as nações vizinhas.

Sua independência e riqueza, no entanto, incomodavam os países próximos e o povo sofria com as constantes tentativas de ocupação. Além das invasões, a ilha vivia um outro conflito interno. Os senhores feudais, temendo um confronto com os samurais, desmobilizaram os guerreiros e baixaram uma lei de proibição ao uso de qualquer tipo de arma ou treinamento militar. Completamente indefesos, os okinawanos criaram uma luta que usava o corpo e as mãos para se defenderem. Batizada como karatê, ou combate das mãos vazias, foi mantida durante muito tempo em segredo. O *dojo*[2] (local destinado ao treinamento), ficava oculto nas matas e o treinamento era sempre feito à noite. Nascia no século XVIII uma das maiores artes marciais da qual o mundo só teria conhecimento alguns séculos depois.

Okinawa foi anexada ao Japão pela primeira vez em 1609. Subjugados pelo clã feudal de Satsuma – japoneses da Região de Kagoshima – tiveram os seus recursos de açúcar explorados e todos os setores da vida pública controlados até a restauração Meiji, em 1879. Essa restauração pode ser compreendida como a chegada dos poderes ocidentais e a abertura dos portos japoneses.

O Japão tratou de colocar em prática a primeira lição aprendida com os Estados Unidos: a expansão territorial. O Reino de Ruykyu foi abolido e Okinawa passou, oficialmente, a ser território japonês. A anexação não ocorreu sem luta; a China protestou e o último rei de Ruykyu mandado a Tokyo, foi acusado de traição, condenado e executado.

Separada da capital japonesa por 1.500 quilômetros de distância, Okinawa era uma província com traços naturais bastante diferenciados do restante do arquipélago nipônico. Racialmente, a população era um resultado de muitos séculos de miscigenação entre os povos da Malásia, China, Coréia e Japão. Vistos pelos irmãos como "quase *gaijin*" (estrangeiros) devido à proximida-

---

[2] Local destinado ao treinamento.

de com outros povos, religiões e culturas, os *utinanchú* (como são conhecidos os nativos de Okinawa) eram distintos dos outros japoneses das ilhas do norte tanto na aparência física como no caráter. Além do dialeto local, *uchináguchi* e da língua japonesa, falavam seis idiomas: Anami, Miyako, Okinawan, Kunigami, Yaeyama, e Kunaguni.

Com uma economia predominantemente rural por muitos séculos, a tradição religiosa dos okinawanos sempre teve uma forte ligação com a natureza. Para os nativos, as flores, as montanhas, o sol, o mar e todos os elementos que os cercavam eram sagrados. Assim como os antepassados eram seres divinos que os protegiam e zelavam pela harmonia, saúde e a fartura das famílias.

Esse povo altivo e independente, que tantas vezes foi subjugado, ainda enfrentaria de "mãos vazias" a maior batalha da história no final da 2ª Guerra Mundial: a *tetsu no ame* ou "chuva de ferro". Era desta forma que os habitantes de Okinawa referiam-se à intensidade de fogo do ataque americano.

Veriam a sua terra usurpada e humilhada pelo inimigo, os campos reduzidos a cinzas e os cadáveres de amigos e familiares apodrecendo ao sol. Entregues a si mesmos, os utinanchú aguardavam, agora, a chegada dos ventos quentes do sul, que anunciavam a vinda dos espíritos. Só eles poderiam consolá-los da grande desgraça que se abatera sobre o seu reino.

## Espírito *utinanchú*: uma longa guerra

Haru inicia a camuflagem. Procura entre as suas roupas, o vestido mais velho que possui e o transforma em farrapos. Despenteia e embaraça os longos cabelos. Prepara uma mistura de lama e fezes que passa pelo corpo. Por fim, escurece os dentes com ervas até que pareçam estragados e podres. Não reconhece a imagem refletida no espelho; o resultado é repulsivo. Está pronta para lutar.

Antes mesmo do bombardeio atômico em agosto de 1945, que paralisou o mundo e transformou Hiroshima e Nagasaki em símbolo da vitimização da população civil e da destruição do meio ambiente, outra região havia sofrido um grande massacre nessa luta sangrenta.

Okinawa foi o palco do ataque americano ao Japão feito por terra. Na ilha, morreram mais de 200.000 pessoas numa campanha que teve início em 1º de abril de 1945 e durou 83 dias. Cerca de pelo menos 12.000 soldados americanos; 107.000 soldados e recrutas japoneses forçados; e 100.000 civis. Os civis – cujo único envolvimento na guerra era o fato de residirem na ilha – morreram queimados por bombas, fuzilados, encurralados e asfixiados em grutas. Grande parte suicidou-se para não cair nas mãos do inimigo.

Haru era uma moça muito bonita e, portanto, um conseqüente alvo das perversões dos americanos, que violavam até a morte as mulheres das famílias japonesas, como ela mesma já havia presenciado. Para fugir ao estupro, transformava-se numa figura repugnante, afastando os soldados.

*"Era único jeito de ficar viva."*

Tokesuke Ota também passou seus maus bocados. Civil e desarmado, para se defender das balas americanas, tinha apenas um pedaço de bambu que afiara nas pontas, transformando-o em lança. Quando os soldados chegavam, partia para cima deles com a sua frágil arma.

*"Zum, zum, zum... Balas passavam perto da gente, dava para sentir."*

Não havia tempo para raciocinar ou ter medo. Era uma questão de sobrevivência: ou matava ou morria.

Com o ataque, perderam suas casas, animais de criação, hortas e lavouras. Não havia água potável e precisavam caminhar durante horas até encontrar um poço. Em muitos deles, cadáveres boiavam infectando a água. Mesmo assim, ela era recolhida, fervida e transformada em chá. Não tinham escolha.

Assistiram à morte de parentes e amigos. Tiveram suas casas e pertences destruídos. Conviveram com o sofrimento que se espalhava por toda a parte. Traumatizados, assistiram a rendição do Japão aos Estados Unidos. Porém, para eles, a guerra estava longe do seu final, pois o território de Okinawa passaria à possessão americana. O Japão havia concordado que os Estados Unidos mantivessem um contingente militar estacionado na Ásia, em troca de relações amigáveis e proteção militar.

O povo de Okinawa não foi consultado e o território só foi devolvido ao Japão em 1972. Entretanto, a presença militar americana no arquipélago nunca deixou de ser constante e até hoje existem mais de 50.000 soldados baseados na Ilha. Esta presença maciça e indesejável foi amplamente justificada pela atuação militar na região através da Guerra da Coréia e da Guerra do Vietnã, onde Okinawa era considerada uma base importante.

Não bastasse a nação devastada e o povo humilhado, tinham que viver com o inimigo pacificamente, dentro de sua própria casa. A guerra havia terminado, mas as feridas continuavam abertas e sangrando. Os okinawanos, sem escolha, carregavam o pesado fardo do descaso e do preconceito vindos de seus próprios irmãos.

Abandonados e cansados da miséria e violência, milhares de japoneses começaram a partir. Precisavam refazer suas vidas e reencontrar a paz perdida.

## Sobreviventes

Haru e Tokesuke estão decididos. Juntam as últimas economias e compram as passagens para o Brasil. Não falam o idioma e nem conhecem uma única alma que os possa abrigar no país estranho. No entanto, são sobreviventes e heróis de uma guerra. Nada do que possa acontecer no futuro os assusta. Resolvem deixar, para sempre, o medo sepultado em Okinawa.

Conheceram-se em meio aos escombros da guerra, quando todos lutavam pela reconstrução da terra. Apaixonaram-se e casaram num período conturbado, de miséria, desemprego elevado e falta de recursos de toda ordem.

Sobreviviam de trabalhos escassos e bicos. O dinheiro era curto para as despesas e as necessidades dos cinco filhos: Yasuko, Norio, Yoshihito, Norimasa e Masataka. A situação da família agravou-se quando descobriram que o pequeno Norimasa sofria de leucemia. Não tinham comida, remédios e roupas. O filho vivia debilitado e suas crises eram freqüentes. Muitas vezes, Haru roubava frutas para complementar a sua alimentação. Em outras ocasiões, saía às ruas com o filho quase morto, implorando às pessoas que doassem sangue para salvá-lo.

Nunca haviam saído do Japão e agora, diante da imponência do navio que os levaria para longe da pátria, sentiam que a esperança se renovava. Poderiam construir uma nova vida e sonhar com um futuro digno.

O que estivesse por vir seria melhor do que continuar vivendo na miséria em seu próprio país. Não tinham driblado a morte por acaso e acreditavam na sua força para mudar a própria sorte.

## Argentina Maru

Todos dormem profundamente quando Haru percebe que algo de errado está acontecendo com o filho. Seus gritos atraem as pessoas, que curiosas amontoam-se ao redor. Gesticula aflita, explicando que a criança precisa de uma transfusão. Norimasa está morrendo. No meio da multidão, um senhor generosamente arregaça as mangas da camisa e oferece seu sangue.

Os Ota ficaram encantados com o interior da embarcação. E não era por acaso. O Argentina Maru era o segundo navio da frota OSK – Osaka Shosen Kaisha – a ser batizado com o mesmo nome. O primeiro deles, um suntuoso navio construído no ano de 1940, realizou apenas quatro viagens ao Brasil e perdeu-se em combate na Segunda Guerra Mundial. O segundo, e no qual a família Ota havia embarcado, fazia parte do último grupo de navios de imigrantes.

Construído na década de 50, dentro do programa de renovação da frota mercante japonesa, o Argentina Maru entrou no tráfego de imigrantes para o Brasil em 1958. Era um navio elegante, de linhas discretas e confortáveis acomodações para imigrantes, divididas em três categorias: a primeira classe, para doze passageiros em cabines; a classe turística composta de cabines que podiam acomodar 82 passageiros; e a classe imigrante, que dispunha de leitos para 960 pessoas. Media 156 metros de comprimento por 20 metros de largura e viajava a uma velocidade de 16 nós, o que tornava possível completar o percurso ao Brasil em cerca de 45 dias.

Em sua viagem inaugural, atracou no Porto de Santos em julho de 1958, mantendo-se no roteiro para o Brasil até o ano de 1976, quando o declínio da imigração e a modernização dos transportes marítimos o tornaram ultrapassado. Foi vendido para sucateamento no final do mesmo ano e o seu destino foi um estaleiro especializado em desmanche no porto de Kaohsiung, em Formosa.

*O poder do perdão*

Viajar num navio tão moderno devolvia-lhes a autoestima e o otimismo. Os filhos ainda pequenos, adaptaram-se rápido ao ambiente. Brincavam com as crianças das outras famílias, inocentes e alheios ao seu destino.

Habituada ao trabalho, Haru procurava tarefas para passar o tempo. Embora não tivesse feito um curso específico, levava jeito para os cortes de cabelo e assim que sua habilidade foi descoberta passou a ser a cabeleireira oficial do navio.

A única preocupação, agora, era a recuperação do filho doente.

Numa manhã, Norimassa acordou com fome. A febre tinha cedido. Seu rosto corado e alegre revelavam que o pior havia passado e a crise estava superada.

Feliz, correu ao encontro do homem que os havia ajudado e, humildemente, beijou as suas mãos.

## Brasil

Ainda é madrugada quando o marreteiro sai para o trabalho. Disfarçadamente, olha para trás. Há uma semana é seguido pela senhora japonesa recém-chegada à vizinhança. Desconfia que ela não saiba falar o português e desconhece o trajeto. Inesperadamente, para a caminhada e pergunta:

*"A senhora quer ir para a feira?"*.

Assustada e sem compreender o que ele diz, Haru limita-se a seguir sua intuição e a repetir, do seu jeito, as poucas palavras que havia decorado.

*"Shim, shim. Oburigaado, oburigaado".*

A partir desse dia, não teve mais problemas para descobrir onde comercializar os seus produtos. Satisfeita, seguia o mascate com a sua sacola carregada de alho, limão e palha de aço. Mesmo sem saber como se comunicar e sem licença para comercializar nas feiras livres, milagrosamente conseguia vender o suficiente para ajudar na sobrevivência da família. Não se revoltava e nem perdia a alegria; sabia que iriam vencer.

A família Ota desembarcou no Porto de Santos na manhã de 14 de março de 1959. Assim como os demais imigrantes sentiam o peito oprimido pela tristeza ao ter que cortar o último elo que restava com a sua pátria: separar-se do navio que os trouxera e dos tripulantes.

Seguiram apreensivos para São Paulo, atravessando as campinas e, logo, iniciaram a subida da serra. As montanhas cobertas de mata virgem estavam salpicadas de flores brancas, violetas e amarelas. Filetes de água desciam das encostas, por entre as rochas, desaguando nas profundezas dos vales. As nuvens cobriam as cumieiras das montanhas proporcionando um panorama tão belo que os fazia esquecer, por um momento, a saudade da terra distante.

Na cidade grande, trataram de procurar abrigo. Conseguiram, negociando com muita dificuldade, encontrar um pequeno porão na Rua Cantareira, região central, onde se alojaram. Agora precisavam de um trabalho que garantisse o sustento dos filhos. Logo, descobriram que o comércio era a saída para o problema que os preocupava.

Deixavam as crianças sozinhas no porão. Cedo, os irmãos tiveram que aprender a cuidar uns dos outros e a proteger-se dos perigos. Às vezes, entediados, fugiam do "cativeiro" e, de mãos dadas para não se perderem, faziam um tímido reconhecimento do quarteirão. Uma vizinha, percebendo a dificuldade dos Ota, passou a tomar conta dos meninos e tornou-se amiga e aliada.

Dona Maria cuidava para que as crianças não saíssem enquanto os pais trabalhavam e, percebendo a tristeza dos pequenos, sempre os convidava para um lanche em sua casa. O pão com manteiga da vizinha era uma novidade que esperavam ansiosos.

Após três anos no Brasil, aprenderam a costurar. Mudaram-se para o bairro da Casa Verde, na Zona Norte e lá montaram sua primeira oficina. Uma pequena salinha de três metros quadrados onde cada um da família tinha a sua própria máquina de costura.

Às seis da manhã, Haru afastava os pensamentos que a atormentavam e tentando parecer alegre acordava os meninos batendo em uma panela.

*"Oi, oi, oi..."*

O dia começava cedo. Antes de clarear, já estava acordada para preparar o café. Na ponta dos pés, abria a porta do quarto e ficava por alguns instantes observando os filhos que dormiam tranqüilamente. Sentia-se triste e angustiada por não poder oferecer-lhes uma vida melhor. Porém, não podia dar-se ao luxo de poupá-los do trabalho, pois sem a ajuda de todos não dariam conta das encomendas.

Ninguém reclamava ou fazia hora para levantar. Como um exército de pequenos tra-balhadores lavavam o rosto, tomavam café e iam para suas máquinas. Ligavam o rádio e cantavam músicas japonesas enquanto costuravam com entusiasmo. Bom mesmo era cumprir a meta estipulada semanalmente. Entregavam aos comerciantes cerca de mil peças totalmente prontas para venda. Nesse dia, melhor do que dinheiro recebido era ficar no portão esperando a chegada da mãe, o que sempre parecia uma eternidade. Quando dobrava a esquina, todos corriam ao seu encontro. Na bolsa, o pão e a mortadela que recompensavam todo o esforço da semana. Era dia de festa.

Estudavam à noite, revezavam-se para cuidar do bebê caçula – a única irmã nascida no Brasil – e aos sábados para fazer a faxina da casa e preparar a comida. Trabalhavam até o meio-dia de domingo e depois, cada um ia cuidar de sua própria roupa, lavando e passando.

Haru e Tokesuke eram rigorosos na educação dos filhos e tinham a sua própria filosofia: a união da família sempre foi o alicerce para o sucesso.

## O comerciante

Massa, apelidado carinhosamente pelos pais, aos quinze anos já é um rapaz alto e forte. Inspira respeito aos colegas e faz sucesso com as garotas. Com a chegada da adolescência torna-se explosivo e briguento. Gosta de arranjar encrencas e a turma da qual faz parte é temida e conhecida por não "levar desaforos para casa". Irrita-se com facilidade, lidera as brigas que muitas vezes acabam no hospital com algumas contusões, braços quebrados e olhos roxos. Em nada parece com a criança meiga e doce da infância.

Começou a trabalhar na oficina de costura aos sete anos de idade. Ajudava nas tarefas domésticas, cozinhava e cuidava da irmã menor.

Desde cedo, mostrou habilidade para o comércio. Vendia pipas que ele mesmo fazia e ajudava os feirantes para conseguir um dinheiro extra para os passeios aos finais de semana.

Com o enfraquecimento da área de confecção na década de 70, os Ota, com o apoio de um amigo, decidiram montar um supermercado. Havia muitas fábricas e empresas na localidade e, logo, os supermercados Ota começaram a fazer sucesso. Os operários que recebiam o pagamento em cheque-salário faziam suas despesas do mês e recebiam o troco em dinheiro, o que era uma grande vantagem para ambos: o operário não precisava ir ao banco e o comerciante não ficava com dinheiro vivo e sujeito a assaltos. A propaganda boca-a-boca tratou de espalhar essa nova modalidade de comércio no bairro e a freguesia aumentou.

Os filhos já eram adolescentes. Atendiam ao balcão, descarregavam as mercadorias, faziam entregas e cobranças. Tudo estaria bem se não fosse o temperamento explosivo de Massa, que não dava mostras de ser passageiro.

Depois de muita conversa, o pai apelou para os castigos e algumas cintadas. Nada surtia efeito. Preocupados com sua indiferença resolveram interná-lo aos dezessete anos em uma colônia da Seicho-No-Ie, especializada na recuperação de jovens.

Chegando a Ibiúna, jogou as malas no dormitório masculino. Escolheu sua cama sem perguntar se ela já tinha dono. Caminhou empertigado, fazendo um reconhecimento do local com desprezo. Os internos farejaram, imediatamente, a encrenca que teriam pela frente.

*"Fui logo avisando que ninguém arranjasse confusão comigo."*

Escolhido para o trabalho no campo aprendeu várias técnicas agrícolas que seriam bastante úteis no futuro. Comportava-se bem, mas não deixava de liderar as diabruras sempre que tinha oportunidade.

Saíam cedo para cuidar das hortas e do pomar. Ficavam com água na boca ao ver as árvores carregadas de frutos, mas não se atreviam a apanhá-las na presença dos professores e inspetores. Era quando anoitecia que ele convocava os companheiros para um assalto ao pomar. Esperavam que os adultos dormissem para pularem as janelas. Corriam no escuro pelo meio do mato, arrancando tudo o que podiam carregar. Muitas investidas acabavam em gargalhadas quando retornavam ao dormitório e percebiam que haviam apanhado frutos verdes e que não poderiam comer.

O período de reclusão foi curto. A saudade falou mais alto e escreveu uma carta para a mãe pedindo perdão. Os Ota também sentiam a falta do filho e precisavam de ajuda. Autorizaram o seu retorno.

Passou a ser o braço direito dos pais no supermercado. Os dois irmãos mais velhos tinham casado e se desligado dos negócios. O terceiro estava em lua-de-mel. Era, agora, o único com quem podiam contar.

Pouco tempo depois, conheceu Keiko Miyashiro e começaram a namorar. Voltou a ser caseiro e já não encontrava mais prazer nos programas com a sua turma. Tudo parecia ter entrado nos eixos. Contudo, quando a rebeldia parecia fazer parte do passado, ainda passaria por uma terrível e inexplicável experiência.

Sábado. Massa está perturbado com os problemas e as dívidas do mercado. Vai buscar a namorada em Vila Carrão para o aniversário do sobrinho. Deixa Keiko na festa e vai para a rua. Toma um ônibus e, cansado, adormece.

Dois pontos depois é o final da linha e o cobrador bate no seu ombro para acordá-lo. Levanta alucinado se segura nas barras de ferro, batendo com os pés no seu peito do cobrador e jogando-o ao chão. O motorista, assustado, parte para cima dele com um pedaço de pau e recebe o mesmo tratamento. Desce do ônibus e entra num bar defronte. Com um pulo, sobe no balcão e começa a quebrar todas as garrafas, copos e objetos ao seu alcance.

Nessa altura, alguém já havia chamado à polícia que não tardou a chegar. Um policial quer atirar em suas pernas, mas é impedido por outro que percebe alguma coisa de anormal em seu comportamento. Dominado, é levado para a delegacia e colocado numa cela com três presos. Começa a agredi-los e é transferido para uma cela individual. Assim que se vê sozinho, arranca a camisa e a queima com um isqueiro. Horas depois, recobra a consciência e não recorda o que fez. Lembra-se apenas que saiu da festa e tomou um ônibus. Depois disso, mergulhou na escuridão.

Dez anos se passaram. Massa é agora um homem equilibrado e prestes a casar. Não pode supor que a rebeldia da adolescência ainda irá explodir violentamente. Não pode imaginar, também, que essa será a sua grande missão. Transformar a revolta em perdão.

# Capítulo 4

# Nada é por acaso

*Olhávamos o nosso filho e uma grande alegria invadia o nosso coração, preenchendo todos os espaços. Era uma sensação de plenitude e gratidão pela sua vida. Ainda não sabíamos que os filhos não nos pertencem só porque os fizemos. Hoje, quando me lembro dessa época, tenho que admitir que já era um sopro da espiritualidade nos alertando para a grande missão que teríamos de assumir.*

*Keiko Ota*

## As metades da laranja

"Ou você casa comigo ou arranjo outra mulher pra casar."

Massa está zangado porque não vê mais razões para adiar o casamento. Namoram há dez anos e não quer mais esperar. Keiko, muito apegada à família, demora a decidir. O ultimato do noivo surte o efeito desejado. Casam-se numa cerimônia religiosa celebrada em 2 de fevereiro de 1982, na Igreja de São Carlos, no bairro da noiva.

"*Nosso casamento foi belíssimo e marcante. Tudo foi preparado com gosto e apuro. As famílias estavam radiantes.*"

*O poder do perdão*

A recepção para 800 pessoas foi oferecida na Sociedade Okinawa Brasil. O sofisticado cardápio consistia apenas de comida japonesa. Não faltaram as danças, recitais, músicas e discursos tradicionais. Dois oradores foram escolhidos para discursar conforme o hábito das famílias orientais: um em japonês e outro em português. A noiva era recém-formada e o orador que a representou foi seu professor de Direito Penal e promotor público, por quem tinha grande amizade e carinho. Foi muita emoção para um só dia.

Ao voltarem da lua-de-mel, passaram a morar na Vila Carrão. Ganharam de presente uma loja de tecidos para que pudessem começar a nova vida.

*"Nada é por acaso, tudo é por amor."*

Essa é uma explicação usada com freqüência por Keiko, que não acredita em coincidências – pelo menos em algumas que aconteceram em sua vida.

Seu marido nasceu no dia 27 de setembro de 1956 na província de Okinawa, Japão; e ela um dia depois na cidade de Olímpia, interior de São Paulo. Considerando a diferença de fuso horário, nasceram no mesmo dia, mês e ano.

*"Acredito que fomos feitos um para o outro e, quem sabe, concebidos até no mesmo momento. Certa vez, uma senhora vidente disse que havíamos combinado isso no mundo espiritual."*

Desde adolescente, ouvia os conhecidos da colônia japonesa falarem sobre um rapaz da Casa Verde. Contavam, entusiasmados, que o tal japonês era muito bonito, mas tinha um grave defeito, pois vivia metido em confusões e enfrentava todos os que atravessavam o seu caminho.

Divertia-se com as histórias. Ria, zombava e afirmava que não tinha medo de cara feia. Não sabia onde e quando, mas ainda iria encontrá-lo.

A oportunidade surgiu num carnaval quando foi à Zona Norte com um grupo de amigos. Vestia um sarongue – pequena saia feita com tecido de cores vivas e uma ousada mini-blusa. Os rapazes a olhavam com interesse e disputavam a sua preferência.

Vaidosa e acostumada a ter tudo o que desejava, não se intimidou ao ver o famoso japonês chegando em grande estilo. Massa dirigia em alta velocidade e fazia o carro cantar os pneus. Ele e um amigo chamavam a atenção de todos.

Era a grande chance de provar que poderia desafiá-lo. Sentou no capô do carro e os convidou para um passeio que faria ao litoral no dia seguinte. O convite não foi aceito e, para sua surpresa, o rapaz foi embora sem demonstrar o menor interesse. Só voltariam a se encontrar um ano depois desse episódio.

*"Confesso que fiquei impressionada e ele me contou tempos depois, que também gostou de mim. Mas não era o tipo de dar o braço a torcer."*

O "lendário" japonês não tardou a ser fisgado por Keiko Miyashiro e tornou-se querido da família. A fase da rebeldia parecia coisa do passado e Massa voltara a ser a pessoa amável e prestativa que todos admiravam. Tsuru o achava bonito e carinhoso. Nió, aos setenta anos na época, também foi conquistado pela sua simplicidade.

*"Era uma alegria para o meu pai quando o Massa chegava. Conversavam, brincavam e tornaram-se parceiros de bilhar."*

Já a mamãe Ota levou algum tempo para acostumar-se com a namorada do filho. Achava-a bonita, elegante e educada, mas tinha lá a sua cisma.

*"Massa, porque não escolheu mulher mais alta? Ela é muito pequena!"*

Ganhar o afeto dos Ota foi apenas uma questão de tempo e depois dos primeiros anos de convivência, as duas famílias faziam gosto e aprovavam o casamento. Haru dizia, para quem quisesse ouvir, que não poderia haver nora melhor do que a sua.

## Nasce uma família

Massa é empreendedor e possui um dom nato para o comércio. Ao lado da mulher aposta nas inovações. Vende tecidos, material

*O poder do perdão*

muito procurado na década de 80 pelas confecções, principalmente a viscose e a javanesa que acabam de chegar ao Brasil. Investem maçicamente na importação desses artigos e começam a ganhar muito dinheiro. Mudam de ramo para a confecção de roupas. Especializam-se, também, em cortinas e os negócios vão de vento em popa.

Vanessa, a primeira filha do casal, nasceu no dia 2 de junho de 1986. Vão morar na casa dos pais de Keiko para criar a filha com a ajuda dos avós. Não querem diminuir o ritmo de trabalho.

Expandiram tanto, que quando se deram conta já eram proprietários de uma rede de catorze lojas espalhadas pela cidade e interior de São Paulo. A vida financeira não poderia ser melhor.

No entanto, logo em seguida, a família passaria por uma grande tristeza. Nió – que já havia vencido um câncer de próstata – teve uma hemorragia cerebral e perdeu os movimentos.

Este era mais um motivo para estarem reunidos. As filhas revezavam-se para tratar do pai e fazer com que sua vida prosseguisse de maneira mais próxima da normalidade.

*"Cada uma de nós tinha o seu dia da semana para cuidar do papai. Mesmo na cadeira de rodas fazia os seus passeios para tomar sol, ia ao cinema e participava de tudo conosco. Quando viajamos para Okinawa, em 1990, ele também foi e aproveitou muito."*

Conviveram em harmonia com os pais, a irmã Yoko e o cunhado Marcos e seus dois filhos, durante dez anos. Foi na casa dos avós maternos, que nasceu Ives, em 2 de junho de 1989.

*"Como posso pensar que seja uma simples coincidência que meus dois filhos tenham nascido no mesmo dia e mês, com apenas três anos de diferença?"*

Keiko continuava sentindo-se protegida em sua redoma de vidro e vivendo da maneira que sempre gostara: ao lado de sua família. No ano de 1996, a saúde de Nió agravou-se e ele morreu. Foi nessa época que alguns problemas começaram a surgir.

## Vanessa

Vanessa e Ives brigam por causa de um cobertor. Nenhum dos dois quer ceder. Aos gritos, puxam-no como um cabo de guerra. Os pais interferem para que a discussão termine e sugerem um jogo de videogame. O cobertor é esquecido. A briga agora é virtual. Apesar da alegria que sentiram com o nascimento da filha Vanessa, o casal não alterou a rotina. Levavam o bebê para as lojas e lá improvisavam um bercinho onde a criança permanecia até que o expediente terminasse.

Não tinham do que reclamar. A menina era calma e dorminhoca.

*"Vanessa passava dos horários de mamar e comer as papinhas. Muitas vezes tínhamos que acordá-la, senão dormia durante horas seguidas".*

Viveu os primeiros dois anos entre tecidos, funcionários e negociações, num mundo exclusivamente adulto. Depois desse período, passou a ficar com os avós enquanto os pais trabalhavam.

Não gostava de paparicos, beijos ou abraços. Crescia independente, como a querer mostrar que não necessitava de demonstrações de afeto ou atenção.

Quando seu irmão nasceu, tinha três anos de idade e a sua atitude em relação ao bebê não revelava o menor ciúme ou competição. Ao contrário, na medida em que Ives crescia, era ele quem mimava a irmã, a defendia nas brigas entre crianças, emprestava dinheiro da mesada, pedia sua opinião para tudo. Vanessa era o seu modelo.

A convivência dos dois foi muito curta. Amava o irmão, mas só foi perceber a extensão desse sentimento quando se viu sozinha inesperadamente e já não podia mais demonstrá-lo.

## Dinheiro e desavenças

Rua Pedro Pires nº 392. Esse é o novo endereço da família Ota. Magoados com as constantes discussões e desentendimentos e para poupar Tsuru que ainda se restabelece da perda do marido, decidem voltar a ter sua própria casa. O motivo das desavenças é sempre o mesmo: dinheiro.

Já não se costurava tanto e as grandes grifes começavam a tomar conta da cidade. As confecções perdiam terreno. Era hora de mudar.

Rápidos nos negócios, procuravam mercadorias para bebê quando conheceram um pessoal de Belém, no Pará, que os aconselharam a abrir as lojas de artigos de R$ 1,99. Após uma breve pesquisa, já estavam com o pé na estrada para fazer uma experiência.

Cautelosos, modificaram primeiro a loja de Sorocaba. Liquidaram todas as mercadorias e compraram 19 mil itens para a inauguração. O sucesso foi tão grande que no primeiro dia venderam 17 mil peças, ficando sem estoque.

A partir de então, empolgados com o resultado, foram fechando suas lojas e implantando o novo comércio.

*"Foi uma loucura. As nossas lojas eram a coqueluches do momento, pois não havia nada parecido com a grande novidade que acabávamos de lançar. Tínhamos um grupo de funcionários composto de supervisores, gerentes e balconistas. Era tanto dinheiro que não havia controle."*

O sucesso financeiro, no entanto, começou a gerar brigas constantes com a família de Keiko.

*"Quando eu era solteira, meus pais me ensinaram que tudo o que era meu, também era de meus irmãos e vice-versa. Fomos criados juntos, trabalhando e dividindo tudo. Porém, quando a gente casa as coisas mudam. Chegam outras pessoas que passam a fazer parte da família: os cunhados. E aí, começam os problemas."*

Uma de suas irmãs havia ficado viúva recentemente. Quando casada, era muito bem de vida e possuía uma rede de 24 lojas. Com a perda do marido, viu-se falida e endividada. A família reuniu-se e decidiu assumir as dívidas e ajudá-la a reerguer-se.

*"Como eu e o Massa passávamos por uma excelente fase, nos oferecemos para administrar algumas de suas lojas e até pagamos algumas dívidas com bancos, funcionários e fornecedores. Só que minha irmã não conseguia se ver por baixo e achava que nós a estávamos passando para trás."*

## O alvo

Um clima de desequilíbrio paira no ar. Os bens materiais, conforto e sucesso do casal começam a incomodar e atrair pessoas negativas. Desperta inveja e cobiça por onde passam. Não sabem que pagarão um preço alto por isso.

Apesar dos desentendimentos com a família, o ano de 1997 prometia muitas conquistas. O casal comemorava quinze anos de um sólido casamento e havia comprado um belo apartamento nas imediações.

Trabalhavam, em média, dezesseis horas diárias para dar conta de sua rede de lojas. Massa cuidava da parte administrativa e Keiko era a compradora. Suas propriedades eram amplas e vistosas e quase todas localizadas nos grandes calçadões comerciais e pontos estratégicos da cidade e do interior. Ficaram conhecidos como grandes empresários e, logo, a sua fama de comerciantes hábeis e endinheirados se espalhou.

Há algum tempo, Massa já havia contratado a proteção de policiais militares para fazer o serviço de segurança em alguns de seus estabelecimentos. Esse procedimento era comum entre os comerciantes, já que muitas de suas lojas ficavam distantes de São Paulo e em pontos vulneráveis a assaltos e vandalismos. Cotizavam-se e pagavam uma equipe que atendia a todos.

Inauguram com uma festa, a loja de Suzano. A benzedeira Dona Cida, convidada para fazer uma oração, tem um pressentimento ruim. Fala ao casal sobre a morte de uma pessoa da família. Preocupado com o cunhado Marcos, que costuma dirigir em alta velocidade, Massa pede a Keiko para alertá-lo. Alegre, Ives que participa da comemoração, oferece um presente da loja à Dona Cida. Ela reluta em aceitar e o menino insiste com uma explicação estranha:

*"Pega o presente, porque depois não poderei dar mais."*

Os assaltos tornam-se sucessivos. O casal é rendido por três bandidos num farol quando retornam da visita às suas lojas em Sorocaba, Diadema e Santo André. Os bandidos levam o carro e o malote com todo o dinheiro arrecadado nos três estabelecimentos.

O caminhão da loja de São Miguel Paulista é abordado em frente à casa da família e a féria do dia roubada no momento em que o motorista estaciona. Desta vez, algumas crianças que jogam bola na rua anotam a placa do motoqueiro assaltante. Fazem o Boletim de Ocorrência na Delegacia Policial de Vila Carrão e não comentam o fato com ninguém da loja ou do depósito.

Ambos têm a sensação de estarem sendo seguidos e, por falta de fatos concretos, não dão crédito à intuição. Nessa época, o cachorrinho das crianças sofre um ataque epiléptico e Massa começa a ter pesadelos constantes.

Trabalham muito e estão sempre exaustos. Acabam ignorando os inúmeros avisos e as evidências de uma enorme teia invisível e maligna que se projeta sobre eles.

## Ives

Domingo de Páscoa. A família, alegre, segue para um almoço na Zona Norte de São Paulo. Levam no banco traseiro do carro, os ovos de páscoa para os avós e demais familiares. O sinal fecha na esquina da Avenida Zaki Narchi. Um menino sujo e descalço se aproxima pedindo dinheiro. Seus olhos brilham ao ver os chocolates:

*"Tio, me dá um ovo desses?"*

Imediatamente, Ives apanha um ovo de Páscoa e entrega ao menino. É repreendido pelos pais e sua generosidade os desarma. Por que não podem dar todos os ovos de Páscoa às crianças, já que os avós têm um supermercado? Emocionado, o pai estaciona o carro e começa a distribuição. Crianças surgem de todas as partes e os chocolates terminam. Ives tem nas mãos o último ovo e como algumas ainda esperam de mãos vazias, retira o papel e o divide em pedaços.

Quando os avós Haru e Tokesuke Ota chegaram à maternidade, não puderam conter a emoção e o orgulho.

*"Vocês capricharam mesmo nesse menino!"*

A chegada de Ives alegra a família. Os Ota, agora, tem um neto. Um belo garoto de olhos expressivos que irá crescer casar e

transmitir aos seus filhos a cultura dos antepassados e o seu nome. É um sonho que se transforma em realidade na figura do frágil e indefeso bebê que admiram através das vidraças do berçário.

Ives era tranqüilo e saudável. Perto de completar um ano de idade, viajou com a família para Okinawa. O pai se recorda de um momento comovente:

*"Meu filho deu os primeiros passos na cidade onde nasci. Essa é uma coisa que nunca vou esquecer. Vê-lo brincando sobre o tatami foi como voltar à minha infância".*

Cedo, demonstrou ser uma criança pensativa, generosa e de hábitos simples. Evitava lutas e se afastava para não tomar parte. Cuidava para não se machucar, descia escadas com atenção e preocupava-se em não ferir os colegas. Não brincava na rua e seus amigos eram poucos. Como a família era muito grande, os primos sempre foram seus companheiros. Aos finais de semana, reuniam-se na casa dos avós e era uma grande festa.

Comia pouco e seus alimentos preferidos eram arroz, ovo frito, frango e salada de repolho com alho. Detestava carne vermelha e adorava vitamina de leite com maçã.

A irmã Vanessa era o seu xodó. Faziam os exercícios escolares na mesma mesa, jantavam juntos e jogavam vídeogame diariamente. O colo, chamego e as confidências eram um privilégio da mãe, Keiko. Mas era com Massa que vivia suas grandes aventuras, como passear de bicicleta pelas ladeiras ao redor de casa. Pedia que o segurasse pela camiseta:

*"Pai, não me solta, pelo amor de Deus!"*

Muitas vezes telefonava para o pai perguntando com qual carro ele havia ido trabalhar. O predileto era um Toyota. Gostava de colocar os pés sobre os bancos, abrir o teto-solar e com a cabeça para fora e os braços abertos, dar algumas voltas pelo quarteirão.

Vovó Tsuru também era uma grande amiga. Alegre e festeira fazia todas as vontades do garoto. Até os seis anos de idade passavam grande parte do tempo juntos, enquanto os pais trabalhavam.

Seu desapego pelas coisas materiais era inato. As famílias japonesas, nos finais de ano, costumam dar dinheiro de presente às crianças. Nunca gastava o que ganhava com brinquedos, gibis ou doces. Sua mesada estava sempre disponível para emprestar a quem precisasse.

O bem-estar das pessoas causava-lhe prazer e impressionava os mais velhos. Certa vez, decidiu ir à loja com a babá e comprar com o seu próprio dinheiro um liquidificador e um ferro de passar roupa para substituir os que já estavam velhos.

Keiko e Massa vão à igreja em Arujá, num domingo. Os sobrinhos estão com eles e, na volta, param para almoçar em um restaurante. No local são vendidas plantas e flores. De repente, uma das crianças tem a idéia de levar um vaso para sua mãe. A vontade contagia todos, que saem em busca das flores mais bonitas. Ao voltar, Ives traz uma folhagem que deixa Keiko decepcionada.

*"Meu filho, porque você não escolheu uma flor mais colorida para a nossa nova casa?"*

*"Mamãe, leia o que está escrito aqui: "lírio da paz". Você não quer levar a paz para casa?"*

Em outra oportunidade, Massa trabalha atolado em papéis. O filho dependura-se carinhosamente em seu pescoço. Pergunta a um funcionário como faz para jogar na Loto. Seu João traz alguns volantes de loteria e Ives faz um jogo de valor muito alto. O pai, intrigado, pergunta por que ele quer jogar.

*"Se eu ganhar bastante dinheiro na Megasena, você não vai mais precisar trabalhar tanto e nem ficar tão preocupado."*

Acordou aborrecido num domingo. Não queria ir à festa do primo Anderson. Os pais insistiram e ele arrumou-se apressado. Passou o dia calado, arredio, sem vontade de brincar. Foi fotografado num balanço, sozinho e preocupado. Parecia desligado de tudo o que acontecia à sua volta, como se fosse um mero espectador e já não estivesse mais ali.

Aconchegou-se na cama junto da mãe na mesma noite. Keiko assistia a um filme de guerra. Disse para ela que tinha medo e que tudo aquilo se parecia com os sonhos ruins que estava tendo. Adormeceram abraçados. Estavam a cinco dias do seqüestro.

O casal faz a contabilidade das lojas na manhã de 29 de agosto de 1997. O menino acorda e faz um pedido inusitado, quer ir com eles para o trabalho. Os pais não entendem o que está acontecendo. Nunca reclama de ficar com a babá, Dona Elvira, pessoa de confiança da família e muito querida por ele. Além disso, é excelente aluno e não gosta de faltar às aulas. Os argumentos dos pais o convencem a ficar

Paulo de Tarso, policial militar que faz a segurança da loja de São Miguel Paulista toca a campainha. Havia se transferido há pouco tempo para a Delegacia de Vila Carrão, a duas quadras dali. Aproveita o momento de folga para falar com o patrão sobre um aumento salarial.

Conversam amigavelmente, por alguns minutos, no portão da casa.

Ives, ao ver o movimento, sai à porta.

No meio da conversa, o policial olha para o menino e pergunta: *"É seu filho?"*.

Massa responde com orgulho: *"Sim. É o meu caçula"*.

Não pressente o perigo. É o último dia de vida do filho.

# Capítulo 5

## Reféns do medo

*Para os orientais, existem anjos que nascem
nas famílias com a missão de purificar a descendência
e levá-las ao crescimento espiritual.
São espíritos mensageiros e bem-aventurados que vêm
ao mundo para iluminar as trevas e dissipar
a ignorância. Apesar de sua vida breve, Ives deixou
inúmeras lições de generosidade, amor
e desprendimento.
Não parecia uma criança desse mundo...*

### Mau presságio

Keiko e Massa saem após o almoço para fazer compras e abastecer suas lojas. Estão no bairro de Santo Amaro negociando com os importadores.

D. Elvira chega pontualmente às 17h00 para substituir a empregada, como de costume. Deve ficar até tarde com as crianças. Os pais, Keiko e Massa não têm horário certo para voltar do trabalho.

Ives e Tiago jogam vídeogame.

Vanessa vai para a casa da prima se arrumar para uma festa.

A babá começa a preparar o jantar.

Anoitece e um mal-estar inexplicado toma conta do casal.

Estão dispersos e não conseguem se concentrar nas negociações.

A babá recolhe as roupas do varal e as coloca num cesto.

Liga o ferro de passar roupa.

Os meninos riem na sala.

O jogo está animado.

Massa fica impressionado com um caça-níquel que chegou recentemente ao mercado. Acha que filho ficará contente com a novidade e resolve levá-lo para dar de presente naquela noite.

A campainha toca.

Elvira imagina que Vanessa deve ter esquecido de algo e voltou para buscar.

O som da televisão está alto.

Deitados no chão, Ives e o primo apostam quem vai ganhar a próxima partida.

Keiko e Massa sentem um desejo urgente de retornar para casa.

Mudam o trajeto para chegar mais rápido e acabam presos num enorme engarrafamento.

Os meninos ouvem a campainha, mas não interrompem o jogo.

Elvira desliga o ferro de passar roupa e dirige-se à porta.

O trânsito não fluiu. Os sinais parecem todos vermelhos e a cidade está parada.

Os Ota estão aflitos e angustiados sem que possam determinar o que está efetivamente errado. Um mau presságio aperta os seus corações.

Um homem com um vaso de flores aguarda na calçada.

A babá segue rumo ao portão.

As crianças continuam brincando.

Depois do que parece uma eternidade, Massa consegue driblar o congestionamento e dobra a esquina da rua em que moram.

De longe, avistam uma multidão e alguns carros de polícia estacionados no quarteirão de sua casa.

Keiko, assustada, pergunta ao marido: *"Massa, o que será que aconteceu com o nosso vizinho?"*.

## Elvira

*"Elvira, você me ama?"*

*"Amo muito, Ives. Você é o japonês mais bonito que conheço."*

*"Eu também amo você."*

Elvira era a babá das crianças Ota há dois anos. Embora os amasse igualmente e fosse muito querida pelos dois, era com Ives que tinha mais afinidade. Segundo ela, foi uma questão de amor à primeira vista de ambas as partes.

Conhecida da família, era uma senhora de 51 anos responsável e habituada a lidar com crianças. Trabalhava como inspetora de alunos em um colégio da região. Por essas razões, o casal entregava despreocupado, os filhos aos seus cuidados.

Ives era seu companheiro e amigo. Contava as novidades quando chegava da escola, ficava ao seu lado enquanto passava a roupa, assistia com ela às novelas e acabava dormindo no seu colo. Às vezes fingia estar dormindo para que ela o carregasse. Quando o colocava na cama, descobria que tinha sido enganada. O menino ria da peça que tinha conseguido pregar.

Gostava que o enxugasse após o banho, que o ajudasse a vestir-se e que preparasse as suas comidas preferidas.

*"Ives, você não fica triste porque o papai e a mamãe não estão aqui?"*

*"Não, porque tenho você."*

A cumplicidade e afeto entre os dois eram visíveis e Elvira sempre o considerou uma criança especial, diferente das outras. Era meigo e carinhoso. Cuidar daquelas crianças era uma tarefa que desempenhava com amor e prazer.

Naquela sexta-feira, passava a roupa quando a campainha tocou. Deparou-se com um rapaz jovem, bem vestido e de olhos extremamente azuis. Seu carro estava estacionado em frente e nas mãos, trazia um vaso de violetas para ser entregue à D. Margareth, secretária do Sr. Massa.

Depois de muita insistência – pois ela lhe explicara que a moça não morava naquela casa, passou-lhe as flores pelo vão das grades do portão. Apontou para um pacote maior que estava no chão e que também deveria ser entregue à mesma pessoa. Elvira, então, destrancou o portão e numa fração de segundos, estava com uma arma apontada para a cabeça e sendo empurrada em direção à sala.

Ao entrar, o rapaz perguntou aos meninos quem era o filho de Massa. Ives automaticamente levantou a mãozinha e disse: *"Sou eu"*.

Elvira e o primo de Ives foram amarrados e conduzidos para uma pequena despensa embaixo da escada.

*"Pelo amor de Deus, não faça nada com o menino!"*

*"Cala a boca! Cala a boca!"*

Assustado, Ives segurava as pernas da babá, procurando proteção.

*"Elvira, quero ficar com você, quero ficar com você!"*

O bandido, irritado, brandia a arma e respondia aos gritos: *"Você vai ficar comigo aqui na sala e nós vamos esperar o seu pai."*

Foram fechados no pequeno compartimento. O som da televisão foi aumentado. Ficaram desorientados.

Trancados no espaço minúsculo, Elvira e Tiago estão em estado de choque.

Não tem a menor idéia do que acontece lá fora.

A criança chora assustada.

A babá oscila entre a lucidez e a loucura.

Sente um líquido quente escorrendo pelas pernas.

Algum tempo depois, o portão escancarado, as luzes acesas e o cachorro solto pela rua chamaram a atenção de uma vizinha que entrou na casa e a encontrou vazia. Desconfiada, chamou a polícia.

Keiko e Massa chegaram na hora em que a babá e o sobrinho estavam sendo libertados. Vanessa, que já havia sido avisada por telefone, veio correndo ao encontro deles, gritando: *"Papai, mamãe, levaram o Ives"*.

Elvira saiu pela porta, escoltada pela polícia. Não conseguia pensar ou reagir. Naquele instante, tudo o que sabia era que um homem mau havia levado o seu menino.

## Sequestramos seu filho

Tensão, angústia e silêncio durante toda a madrugada. À medida que as horas passam sem qualquer contato ou sinal, a agonia aumenta. Andam pela casa como zumbis. Rezam. Abraçam-se. Choram. Não sabem o que fazer.

Keiko e Massa estão nervosos e com medo.

A casa revirada indica que havia sido um simples assalto.

Acreditam que o bandido procurava por dinheiro e, assustado, teria levado o menino como refém com a intenção de libertá-lo em algum lugar distante.

Registram um Boletim de Ocorrência e voltam para casa. Têm esperança de que a qualquer momento alguém trará o filho de volta.

A madrugada foi longa e agitada. A casa estava cheia de parentes, amigos e policiais. O desespero chegou a um ponto em que o casal não conseguia mais pensar ou manter a sanidade.

Às 6h40 o telefone toca. Massa atende. Uma voz masculina e desconhecida do outro lado da linha, diz aquilo que ele teme ouvir: *"Seqüestramos seu filho"*.

Pede, então, para negociarem a libertação do filho e uma prova de que ele está vivo, mas a ligação é cortada abruptamente. Um novo contato só seria feito dois dias depois.

O policial Paulo de Tarso parou em frente da casa dos Ota em um carro, no domingo pela manhã. Falou para o Massa que havia tomado conhecimento do seqüestro pelos jornais e amigos policiais e que eles não mereciam o que estava acontecendo. Ofereceu ajuda e o comerciante agradeceu comovido.

Este seria o início de um calvário que se estenderia por onze dias. Dias de impotência, medo, terror e loucura.

Dias em que conviveriam, sem saber, com o inimigo.

Próximo, muito próximo...

## A angústia da espera

*"Alô..."*
*"Quem é?"*
*"É o Massa."*
*"E aí, meu? Já arranjô a grana?"*
*"Quanto vocês querem pra devolver meu filho?"*
*"A gente tá querendo um milhão de dólar."*
*"Eu não tenho esse dinheiro todo, não sou tão rico como você pensa..."*
*"Qual é, cara? Tá querendo me fazer de besta? Dá o teu jeito, merda!"*
*"Mas eu não tenho mesmo, eu..."*
*"Pôrra! Tu quer ou não teu filho de volta?"*

Começam os xingamentos e ameaças. O policial, na escuta, faz sinal para que desligue o telefone. Explica que a agressão e os palavrões fazem parte da técnica usada pelos seqüestradores para minar a confiança do negociador e testar sua resistência. Pede a ele que mantenha o equilíbrio.

Assim que os criminosos fizeram o primeiro contato, o casal comunicou a polícia. Discretamente, policiais da Divisão Anti-Seqüestro instalaram os equipamentos rastreadores nos telefones da casa, instruíram Massa para a negociação e colocaram investigadores ao lado da família vinte e quatro horas por dia.

Começava a grande tortura mental a que seriam submetidos durante onze dias até a descoberta do corpo. Passavam todo o tempo inquietos e preocupados, aguardando pelo toque do telefone. Dominados pelo sentimento de impotência e pelo medo, não conseguiam dormir, comer ou realizar qualquer tarefa por mais simples que fosse.

Para não levantar suspeitas e confundir os bandidos, a Divisão Anti-Seqüestro designou um policial japonês para acompanhar a família. Ele chegava cedo, estacionava seu carro em alguma rua próxima e vinha para a casa dos Ota a pé. Durante a caminhada aproveitava para sondar as redondezas e ninguém na vizinhança estranhava a sua visita diária, pois pensavam tratar-se de um amigo ou parente. Um fato curioso chamou a sua atenção num determinado dia da semana. Avistou uma viatura da Polícia Militar por perto e teve a impressão de que o policial ao volante olhava insistentemente para a casa. Acreditou que se tratava de uma colaboração entre colegas e não deu importância ao fato. Quem espreitava no veículo, era o policial Paulo de Tarso.

Atendendo à sugestão dos policiais, Keiko e Massa resolveram sair. Desligaram os celulares e foram ao templo que freqüentavam em Arujá para meditar e buscar apoio espiritual. Transtornados, procuravam o equilíbrio necessário para enfrentar a angústia da espera.

Keiko foi caminhar pelos jardins e entrou num pequeno bosque. Chorava muito, falava sozinha, pedia um sinal a Deus. De repente, um enorme círculo alaranjado surgiu no céu. Era brilhante como uma bola de fogo e passou por ela como se fosse um raio. Assustada, voltou correndo à igreja sem compreender o que havia acontecido. Encontrou o marido conversando com a Kaminoya (espírita vidente do templo). Ela lhe pedia para ter sabedoria nesse momento. Dizia que era muito amado pelos seus ancestrais e que todos estavam ali, ao seu lado, para fortalecê-lo e ampará-lo.

Apesar das palavras de conforto, a aflição não se dissipou.

O terceiro contato foi feito na quarta-feira. Pediam dinheiro, não especificavam a quantia, pareciam perdidos. A ligação foi rápida e deixou a família nervosa.

Não haveria mais telefonemas. A família Ota ainda não sabia, mas os policiais já haviam descoberto a região de onde partiam as chamadas. No dia seguinte, investigadores disfarçados já montavam campana no bairro de Itaquera e fechavam o cerco aos criminosos.

Estavam esperando há dois dias, quando desconfiaram de um homem que se aproximava do orelhão em uma motocicleta. O suspeito foi preso. Para espanto de todos, descobririam logo depois que a placa da moto era a mesma anotada pelas crianças que jogavam futebol no dia 12 de junho, quando um dos caminhões da empresa tinha sido assaltado em frente à casa da família.

Não podia ser uma simples coincidência.

## A única testemunha

*"Covardes! Por que vocês fizeram isso com o menino? Eu preciso entender porquê!"*

Fora de si, Elvira precisou ser retirada da sala. Os dois homens continuavam calados e de cabeça baixa. Um deles chorava.

Do local do crime, a babá foi levada para depor na delegacia mais próxima. Essa seria uma rotina sem trégua, durante dez dias.

Isolada da família Ota que negociava a vida do filho, ela era a única pessoa capaz de fornecer alguma pista que levasse à prisão dos bandidos e também a única que poderia reconhecer o seqüestrador.

Não conseguia comer e nem dormir. Passava a noite jogada na cama, rezando. No começo, acreditava que Ives ainda estava vivo, que iria aparecer em algum lugar distante, que iriam abandoná-lo a qualquer momento. Com o passar dos dias, sua esperança foi diminuindo. Chorava muito e pedia a Deus que prendessem o criminoso e que conseguisse identificá-lo com segurança para não prejudicar um inocente.

Mal raiava o dia e o carro da policia estacionava na porta de sua casa. Ficava em uma sala com os detetives e peritos, tentando fazer o retrato-falado do bandido ou lembrar de algum detalhe importante. No final da tarde a levavam de volta. Começava, então, o seu pesadelo. Passava a noite em claro, relembrando as cenas do seqüestro, o rosto do homem e a violência que tinham sofrido. Gritava, rezava, blasfemava, tinha crises nervosas. Amanhecia exausta e deprimida.

Já haviam se passado dez dias, quando os policiais pediram que descrevesse a roupa que Ives estava vestindo quando foi seqüestrado. Levaram-na para um pátio e lhe mostraram um carro. Ela o reconheceu imediatamente como sendo o veículo Monza usado pelo seqüestrador na noite do crime. Embora não lhe dissessem claramente o que estava acontecendo, pressentia que estavam se aproximando da verdade e experimentava uma mistura de alívio e terror.

Depois disso, mandaram que espiasse através de um olho mágico. Por trás da porta estava um homem jovem, moreno e de estatura mediana, identificado como Silvio da Costa Batista. Quando Elvira olhou a primeira vez, ficou paralisada. Olhou de novo e não teve a menor dúvida. Era ele.

Havia, entretanto, um pequeno detalhe que a intrigava: o fato de seus olhos serem castanhos e não azuis conforme se lembrava. Expôs sua dúvida aos policiais e ficou aliviada quando soube que ele já havia confessado e dito que no dia do crime usava lentes de contato.

Chorou. Deus havia escutado as suas preces.

Elvira não sabe que o pior ainda está por vir. Os policiais, delicadamente a conduzem para uma pequena sala. Percebe que estão tensos e não sabem por onde começar a conversa. Um deles se aproxima e diz: *"Ives foi assassinado pelos seguranças do seu patrão"*.

A dor é tão grande que o ar lhe falta.

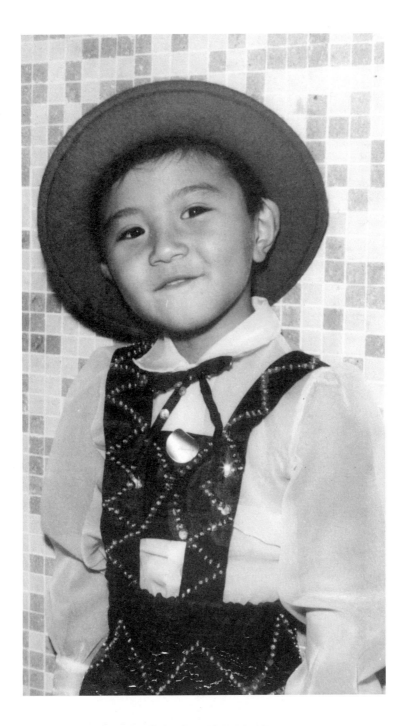

## Capítulo 6

## *Bandidos de farda*

*Ives foi arrastado de sua casa sob a mira de um revólver e jogado dentro de um carro. No trajeto para o cativeiro, outro homem juntou-se ao seqüestrador. Usava trajes civis, mas era um policial militar. O menino, muito assustado com a violência, prontamente acalmou-se ao reconhecer o "guarda do papai". Aquele que julgava estar ali para protegê-lo era o carrasco que daria a ordem para matá-lo.*

### O executor

A oitocentos metros de um orelhão, no bairro de Itaquera, investigadores esperam para prender em flagrante o homem que fala ao telefone público. Após um rígido rastreamento telefônico e mapeamento da região, a polícia descobrira de onde partiam as ligações dos criminosos. O amadorismo e o descuido dos seqüestradores, que telefonavam sempre da mesma localidade, levaram os policiais a prenderem o primeiro bandido quando tentava fazer o quarto contato para negociar o resgate.

O suspeito identificado como Silvio da Costa Batista, não resistiu à prisão e acompanhou os policiais até sua residência nas proximidades. Sua casa foi revistada minuciosamente. Com ele, moravam a esposa Alexandra e a filha do casal – um bebê de poucos meses, além de seu irmão Sandro, adolescente.

Os investigadores encontraram no local, duas outras cédulas de identidade com a sua foto. Seu verdadeiro nome – Adelino Donizete Esteves – só seria conhecido quinze dias depois, com o resultado do exame datiloscópico.

Ao ser descoberta a fraude do documento falso, explicou que já havia cometido um assassinato anteriormente e por causa disso, fugiu para o Rio de Janeiro. Em seguida, conseguiu obter cédulas de identidade falsas para retornar a São Paulo e viver normalmente, como se nada tivesse acontecido. Sua intenção era escapar ao exame de identificação e, fugir também, à responsabilidade penal pelo crime de seqüestro.

Desde o primeiro interrogatório, confessou calmamente ter seqüestrado a criança e denunciou seus parceiros. Sua história era coerente e os detalhes precisos. Ardiloso e experiente no mundo do crime, as versões só apresentavam divergências quando se referiam ao paradeiro de Ives.

A sua indiferença para com o sofrimento alheio era evidente para os policiais, diante da não revelação do destino da vítima mesmo depois de admitir ter praticado o seqüestro.

Adelino, aos 27 anos, já tem várias passagens pela polícia por roubo e outros pequenos delitos. Revela uma personalidade fria e calculista. Sabe que se o corpo não for encontrado, sua pena será atenuada.

Em nenhum momento mostra arrependimento ou piedade. Permanece impassível diante do tormento a que se submete Masataka Ota, diariamente, em busca de notícias.

Enquanto isso, sua pequena filha está em casa protegida. Dorme, em seu berço, o sono dos inocentes.

## O laranja

*"Sabia que o Paulo ia me foder."*

Essas são as primeiras palavras do policial militar Sérgio Eduardo aos investigadores que o prendem na tarde de 5 de setembro de 1997. Chora e alega inocência, mas a afirmação de que o amigo vai ferrá-lo deixa claro que sabe perfeitamente porque está sendo detido.

Ao ser preso em flagrante, horas antes, o motoboy Adelino confessa ter seqüestrado o menino Ives e delata seus comparsas: os policiais militares Paulo de Tarso Dantas e Sérgio Eduardo Pereira de Souza, seguranças de Masataka Ota. Policiais da Delegacia Anti-Seqüestro são designados para uma diligência à loja do comerciante, em São Miguel Paulista, para prender os dois.

Somente Sérgio está de serviço nesse dia e é avisado por funcionários da loja, que policiais civis estão à sua procura. Ao sair do estabelecimento, vê os investigadores e é visto por eles. Eles não o conhecem e por isso, não o abordam.

Visivelmente nervoso, ao invés de se apresentar, dá uma volta no quarteirão e encontra Valter Gonzaga de Oliveira que também trabalha na segurança do local, em horário e dias diferentes.

O colega, que nada tinha a temer e pensava o mesmo de Sérgio, o aconselha a falar com os policiais e se propõe a acompanhá-lo. Gonzaga não sabia no que estava se metendo e ambos acabaram presos.

As reações foram completamente opostas: Gonzaga ficou revoltado e queria saber o motivo da prisão. Sérgio desandou a chorar, numa atitude típica de quem sabe claramente o que está acontecendo e mais ainda, de quem tomou parte no crime.

## Bandidos de farda

No caminho para a Delegacia ele foi reconhecido por Adelino, que o apontou como cúmplice ao mesmo tempo em que inocentou o policial Gonzaga.

Sérgio Eduardo Pereira de Souza foi apelidado pelos colegas de "mocorongo", por sua personalidade pacata e passiva. Ingressou na Polícia Militar em 1988, aos 19 anos e, segundo seus superiores, tinha um comportamento exemplar. Seu envolvimento num crime bárbaro, nove anos depois, era inexplicável e surpreendente.

Sua família também ficou surpresa quando a casa de sua sogra, em Mogi das Cruzes, foi invadida na mesma noite por policiais. D. Adalgiza não entendia porque o genro, que desfrutava de posição de destaque na família e vizinhança por ser PM, estava algemado e consentia submisso que revistassem todos os cômodos, de cabeça baixa e sem dizer uma só palavra.

Só depois de a casa ser descartada como cativeiro, os policiais contam para a família o motivo da prisão. Todos ficam aliviados porque acreditam que tudo não passa de um engano que em breve será desfeito. Sérgio Eduardo é pai de duas meninas: Letícia de 4 anos de idade e Talita de 2 anos de idade.

A mesma D. Adalgiza diria à imprensa poucos dias depois: *"Meu genro é um manteiga derretida com as filhas e seria incapaz de fazer mal a qualquer criança".*

## O cérebro

Os colegas e comandantes de Paulo de Tarso são unânimes em dizer que ele é um policial corajoso e destemido, o que lhe valeu o apelido de Mcoe – uma alusão ao inspetor de um antigo seriado americano, conhecido pela coragem e ousadia. Mcoe não sabe que sua carreira está prestes a ser encerrada e que desta vez, não será o mocinho.

É o próprio policial Valter Gonzaga que, liberado pelos policiais civis depois de algumas horas, o encontra – coincidentemente – nas proximidades da Companhia da Polícia Militar que fica no bairro. Gonzaga comunica seus superiores e Paulo é detido e encaminhado à Delegacia Anti-Seqüestro. Estava preso, o terceiro e último integrante da quadrilha.

Dos três, Paulo era seguramente o mais articulado. Entrou para a Polícia Militar em 1989, aos 26 anos, e logo mostrou suas qualidades de líder e empreendedor. No mesmo ano, conseguiu a contratação de um serviço de segurança como coordenador, o que normalmente é feito por oficiais ou delegados, raramente por praças como Paulo.

Paulo e Sérgio servem no mesmo batalhão. O convívio no ambiente de trabalho acaba se estreitando e passam a se encontrar fora da Corporação. Paulo o convida para integrar o grupo que presta serviços para os comerciantes de São Miguel Paulista.

Adelino e Paulo se conhecem por meio de conversas mantidas em rádios pessoais, já que os dois são rádio-amadores. Em 1996, Paulo chama Adelino para fazer parte da equipe de seguranças que coordena e o apresenta aos comerciantes como ex-policial, com o propósito de dar-lhe credibilidade. Paulo, Sérgio e Adelino passam a trabalharem juntos.

Mcoe protege Adelino; um homem violento e explosivo. Dá cobertura para os seus deslizes no trabalho de segurança e o esconde de um policial militar, também rádio-amador, que está à sua procura por causa de abusos cometidos no uso do rádio, inclusive com interferência na faixa da Polícia.

Paulo era tido como um policial experiente e certamente não desconhecia o passado de Adelino. É de se supor que tenha conversado com Sérgio a respeito do assunto, já que eram amigos de tantos anos. Os três são vistos juntos com freqüência.

O próprio Adelino confirmaria a intimidade em um de seus depoimentos:

*"Eu, o Paulo e o Sérgio somos grandes amigos."*

A certeza da impunidade pelos delitos já cometidos e a segurança oferecida pela farda, faz com que Paulo comece a traçar um grande plano para ganhar muito dinheiro: o seqüestro de Ives, filho caçula do comerciante Masataka Ota.

Ao ser preso, procurou confundir e dificultar ao máximo as diligências e investigações. Estudante do 2º ano de direito, julgava-se mais esperto que os companheiros. Contratou bons advogados e negou a sua liderança na empreitada, colocando a culpa nos cúmplices. A única tática em comum com os comparsas foi o silêncio sobre o destino do menino. Nenhum deles queria assumir a barbaridade cometida.

Sua família desabou. Ninguém acreditava que estivesse envolvido num crime contra uma criança. Era pai de cinco filhos; um deles – Júnior – tinha a mesma idade de Ives.

A irmã Celeste, uma semana depois, declarou em entrevista a um jornal:

*"O Paulo adora crianças e não cometeria essa brutalidade. Seus filhos não param de perguntar por ele e não sabemos como explicar porque está preso; é de partir o coração. Nós também estamos sofrendo, assim como o pai do menino Ives."*

## A quadrilha

Os bandidos ensaiam o seqüestro uma vez, tentando fazer a entrega de uma encomenda no local, mas resolvem aguardar uma melhor oportunidade.

As condições parecem perfeitas no dia 29 de agosto de 1997 e decidem aproveitar a chance. Não têm tempo de comunicar Sérgio. Adelino invade a casa e pega o menino; Paulo, a algumas quadras de distância, dá cobertura ao comparsa.

O plano começou a ser arquitetado um ano antes. Paulo de Tarso sabia que Masataka Ota residia na Rua Pedro Pires, nº 392, na Vila Carrão. Conhecia sua rotina, seu patrimônio e sabia que a família mudaria em breve para um apartamento de alto padrão nas proximidades. Tinha, também, conhecimento de que passavam um grande período do dia no trabalho, que os filhos do casal freqüentavam a escola à tarde e o resto do tempo ficavam entregues aos cuidados de uma babá. Não seria difícil tirar a criança da casa.

Porém, esse era um trabalho complexo para ser realizado sozinho. Cuidaria do planejamento e dos detalhes, mas nunca poderia aparecer. Era o único da quadrilha conhecido da família. Convida, então, Adelino e Sérgio para participarem da realização e execução do crime. Ambos não têm contato com Massa e, no caso de algum problema, será mais difícil identificá-los.

As tarefas são divididas de acordo com instruções do próprio Paulo. Adelino fica incumbido da execução do seqüestro. É um homem cruel e corajoso que já cometeu um assassinato e nada tem a perder. Com uma de suas identidades falsas, pode "sumir" por algum tempo até que a situação se acalme, como já fez outras vezes.

Sérgio Eduardo fica responsável pela custódia da criança, auxiliando na condução do garoto entre o local do seqüestro e a casa que servirá de cativeiro. Dispõe-se, também, a auxiliar no recebimento do resgate.

## O crime

Adelino prepara um copo de chocolate, mas não está preocupado se o menino tem fome. Mistura ao leite, um comprimido de Lexotan. O efeito é rápido e em poucos minutos, Ives dorme profundamente.

Em seguida, troca-lhe as roupas e com a ajuda do irmão, cava um buraco onde o corpo é atirado. Utilizando um silenciador dispara dois tiros na cabeça da criança e a enterra. Para ocultar a cova, passa uma cobertura de cimento sobre o piso.

No momento do seqüestro, Adelino teve que deixar a casa de Masataka Ota, às pressas. Recebe um alerta de Paulo, pelo rádio, sobre um carro de polícia que faz a ronda em uma rua vizinha. Arrasta Ives que chora assustado, sem compreender o que está acontecendo.

*"Pára de chorar menino. Vamos encontrar seu pai"*, ordena irritado.

Numa parada de carros, a poucos quarteirões dali, Paulo espera pelos dois. Tranqüilo, não conta com o inesperado reconhecimento da criança com quem tivera apenas dois contatos superficiais ao longo de seis anos.

*"Você é o guarda do papai"*. Reconhece o menino que prontamente se acalma na certeza de que está "em boas mãos". Docilmente os acompanha confiante de que está sendo protegido.

A imprudência de Paulo faz com que os planos sejam alterados. Vendo-se descoberto, descarta a alternativa de levá-lo para uma casa de sua propriedade que está vazia e, onde haviam preparado um quarto para o cativeiro. Seguem para a Rua Serra de Santa Marta nº 12-A, no bairro de Itaquera, onde Adelino vive com a companheira Alexandra e sua filha, além do irmão Sandro.

Adelino não tem tempo para pedir à esposa que saia com o bebê, o que só é feito na sua chegada.

Nervosos e surpresos com o repentino reconhecimento, Paulo e Adelino andam pela casa. O menino assiste televisão na sala, despreocupado.

"*E agora, cara? O que a gente vai fazer?*", pergunta Adelino.

"*Dá um tempo. Me deixa pensar!*", grita Paulo, descontrolado.

"*Você disse que o menino não te conhecia, merda!*"

"*Como é que eu podia adivinhar que o moleque ia se lembrar de mim?*"

"*E agora, meu? E agora?*"

A discussão dura pouco e Paulo decide que terão que matá-lo, evitando assim uma futura responsabilização pelo seu ato.

Adelino tem escolha e sabe que não precisa assassinar o menino. Ele não o conhece e dificilmente poderá identificá-lo. Ainda assim, concorda com a execução do crime para proteger o parceiro.

Cerca de duas horas após o seqüestro, a criança já está morta.

Com a ajuda do irmão, Adelino recolhe os baldes de terra, desfazendo-se dos indícios do crime. Tranca a casa e vai se encontrar, tranqüilamente, com a família no shopping.

Paulo corre para a faculdade com a intenção de forjar um álibi.

*O poder do perdão*

## Capítulo 7

# O exercício do perdão

*Na realidade, o homem quer dominar
os outros e o mundo,
mas sábio é aquele que consegue
dominar a si mesmo.*

Masataka Ota

## A descoberta do corpo

A exaustão impede que Massa perceba o movimento estranho na delegacia. Os policiais, agitados, mostram-lhe um silenciador e fotografias dos bandidos. Adelino havia sido estuprado e espancado furiosamente pelos presos da carceragem.

Massa, aturdido e anestesiado, não percebe que eles querem lhe contar alguma coisa e não têm coragem. Volta da sua visita diária à Delegacia Anti-Seqüestro desanimado e sem forças. Comunica à família que a situação permanece inalterada.

Os Ota reunem-se às 19h00, para uma corrente de oração em torno das imagens de São Judas Tadeu e de Nossa Senhora Aparecida. Teigi, um dos irmãos de Keiko, inicia as preces.

*"Pai, seja feita a Vossa Vontade. Entregamos o Ives em suas mãos porque o Senhor é Pai e sabe o que faz."*

Nesse momento, Massa ajoelha-se e, comovido, pede a Deus que traga seu filho de volta.

Keiko afirma que foram libertados da espera no instante em que se desapegaram do filho e compreenderam que ele não lhes pertencia. Trinta minutos depois, receberam a notícia de que o corpo havia sido encontrado.

Tudo aconteceu por acaso. No dia 8 de setembro, três dias depois da prisão dos acusados, policiais civis resolveram fazer novas diligências nas casas dos suspeitos à procura de mais indícios e provas. Ainda acreditavam que o garoto estivesse vivo.

Quando chegaram à casa de Adelino, o mau cheiro não deixava dúvidas de que a criança estava ali enterrada. Chamaram o Corpo de Bombeiros e iniciaram as escavações. A cena do desenterro chocou até os policiais mais experientes. O corpo de Ives, em adiantado estado de decomposição e coberto de cal foi encontrado sob o berço da filha de Adelino.

Na mesma noite, enquanto Keiko chora e reza, Massa anda pela casa escura. Revoltado, desafia Deus e xinga os governantes. Ele, que sempre se orgulhara de ser corajoso, não havia conseguido ir reconhecer o corpo no Instituto Médico Legal. Era muita provação para o seu coração de pai.

Imagina como será a sua vida, dali em diante, sem o abraço do filho. *"Quem irá lhe abrir o portão ao chegar do trabalho? Quem irá cobrir o seu rosto de beijos, fazendo com que qualquer preocupação ou problema cotidiano pareça pequeno?"*

Entra no quarto do filho e olha a cama vazia. Recusa-se a acreditar que nunca mais o terá por perto.

Abre a janela e urra, feito um animal ferido de morte. Ao seu redor, tudo é silêncio. Depois disso, chora baixinho por muito tempo, encolhido e desamparado no chão do quarto.

*Sandra Mathias*

## A despedida

... Mas se ergues da justiça a clava forte,
Verás que um filho teu não foge à luta,
Nem teme, quem te adora, a própria morte.
Terra adorada,
Entre outras mil,
És tu, Brasil,
Ó Pátria Amada!
Dos filhos deste solo és mãe gentil
Pátria amada
Brasil!

Mãos sobre o peito. Lágrimas nos olhos. A família canta o Hino Nacional, enquanto o pequeno caixão é lentamente encoberto pela terra.

Os avós paternos choram. O avô fala em japonês para os idosos da colônia. Culpa os políticos pela falta de segurança e pede a pena de morte para os assassinos do neto.

Desde cedo, a multidão se aglomerava na Rua Pedro Pires e parecia prestes a explodir de raiva a qualquer momento. Todos aplaudiam a saída do caixão naquela triste tarde de setembro.

*"Justiça! Justiça! Justiça!"*, gritavam em coro.

O corpo foi liberado em um caixão lacrado e velado na casa da própria família Ota, que ficou lotada de pessoas vindas de todas as partes. A família e os amigos não puderam ver o rosto de Ives ou beijá-lo pela última vez. Tudo aquilo parecia um grande pesadelo.

Abatidos e inconformados, os pais não saíram do lado do corpo do filho um só momento. Aos prantos, assistiram o caixão ser colocado no carro fúnebre.

"*Pode confiar no seu pai, meu filho. A lei vai mudar, a justiça vai ser feita*", dizia Massa ao colocar uma rosa sobre o caixão.

"Meu filhinho, eu sei que você já foi para o céu e que aqui só está o seu corpo, mas não suporto a saudade", lamentava Keiko.

O cortejo saiu às 15h00 com destino ao Cemitério do Araçá. Ao passar na Avenida Conselheiro Carrão, em frente ao 31º Distrito Policial, Massa ordenou ao motorista que parasse, pois queria mostrar o filho morto aos policiais.

"*Eles têm que ver o que esses dois monstros fizeram com o meu filho*", gritava desesperado.

Parentes e amigos o acalmaram e o convenceram de que não adiantava mais tomar essa atitude e o cortejo prosseguiu com a escolta de três carros da Polícia Militar. Eram tantos veículos que o trânsito precisou ser bloqueado nos arredores do cemitério.

Na capela, a despedida dos pais tocou o coração dos presentes.

"*Meu filho, esses covardes fizeram tudo ao contrário. Mataram você e depois pediram dinheiro. Tiraram sua vida à toa. E agora, o que será de nós?*", lamentava Massa.

Era o início de uma difícil jornada. O tempo mostraria a todos que a morte de Ives não tinha sido em vão.

## Prova de fogo

A sala de audiência está repleta. Repórteres disputam os melhores lugares. Pessoas em pé se acotovelam em busca de espaço. O juiz José Luiz de Carvalho bate com força o martelo sobre a mesa pedindo silêncio.

A tensão aumenta quando Masataka Ota é convidado a fazer o reconhecimento dos acusados. Para surpresa de todos, ao invés de utilizar o olho mágico, abre a porta de sopetão e fica cara-a-cara com os três.

*"Se vocês são homens, que me enfrentem, seus covardes!"*

Apavorados e trêmulos, nenhum deles se atreve a levantar a cabeça.

*"Olhem para o pai da criança que vocês mataram! Onde está a coragem de vocês?"*, desabafa, cutucando os bandidos.

Policiais se aproximam temendo que ele perca o controle.

*"Vocês serão expulsos da Corporação Militar e julgados por um júri comum. Vão para a cadeia, onde a lei para os homens que matam uma criança são muito duras. Por isso, rezem a Oração do Perdão para o meu filho, pois ele era um inocente que não faria mal nenhum a vocês"*, lamenta chorando.

O silêncio é agora, absoluto.

*"Eu não vim para matar vocês. Vim para perdoar"*, diz Massa finalmente.

Caminha de volta para o seu lugar sob o olhar perplexo das pessoas. Flashes disparam, jornalistas falam ao telefone celular e o juiz tem que usar o martelo, repetidamente, para conter o burburinho. Curioso, pergunta: *"De onde vem a sua força para perdoar esses homens?"*.

Massa fica calado. Recorda o enorme esforço que fizera para chegar até ali sem cometer nenhuma loucura.

Fiéis à tradição de Okinawa, após a morte do filho, o casal Ota montou um santuário na sala de sua casa. Nele, depositavam diariamente, várias oferendas e os alimentos preferidos do menino: arroz, sopa, ovo frito, água, guaraná e chicletes. Durante 49 dias, alimentariam o espírito de Ives para permanecesse ao lado dos seus ancestrais. Junto aos alimentos, eram colocadas as roupas e brinquedos prediletos do filho. Terminado esse período, cada uma dessas peças seria entregue a um membro da família, como mandam os costumes utinanchú.

A igreja ficou lotada na missa de 7º dia. A imprensa compareceu em peso.

*O poder do perdão*

Os alunos do Colégio Santa Isabel fizeram uma homenagem ao colega. Cartinhas, flores, bilhetes e fotografias foram depositados ao lado do altar.

Apesar da cerimônia comovente, nada amolecia o coração de Massa e tirava a idéia fixa de fazer justiça pelas próprias mãos.

Ao final da missa, um repórter perguntou-lhe o que iria fazer a respeito dos três bandidos e ele respondeu: *"Nada. Eles estão perdoados"*.

Ouvindo sua resposta, um homem que carregava uma faixa pedindo a pena de morte para os assassinos sentiu-se envergonhado e enrolou o cartaz. A sua resposta causou espanto e ele mesmo não compreendia porque havia dito aquilo, uma vez que a vingança era um pensamento que não o abandonava.

Menos de um mês depois do assassinato, o Ministério Público denunciou os homens que planejaram e executaram o crime. Foi uma decisão rápida e incomum na justiça brasileira,

onde os processos se arrastam por anos a fio, mesmo quando as provas são fortes e contundentes.

Massa pensava no que faria quando estivesse frente-a-frente com os bandidos para fazer o reconhecimento. Por onde passava recebia demonstrações de solidariedade, mas o que mais ouvia eram os incentivos à desforra.

*"Massa, manda matar os três!"*

*"Acaba com eles, Massa!"*

A primeira audiência aconteceria em 17 de outubro de 1997. Dias antes, ficou tão ansioso que não conseguia dormir, comer e nem trabalhar. Só pensava coisas horríveis e nos poucos momentos em que era dominado pelo cansaço e adormecia, tinha pesadelos com o filho que o chamava, pedindo socorro. Sua vontade era buscar os filhos dos bandidos e fazer com eles o mesmo que haviam feito com o seu. Estava descontrolado, mas ao pensar em Ives e olhar as suas fotos, sentia que ele não ficaria em paz se apelasse para a violência.

Questionava-se constantemente. Sabia que tinha sido um bom pai, amigo e apaixonado pelo filho. Por que isso havia acontecido com ele e não com os filhos dos bandidos? Por que era castigado?

Um dia antes da audiência, carregou seu revólver e ajoelhou-se diante do oratório de Ives. Começou a blasfemar revoltado e lançou um desafio a Deus: que Ele mostrasse a arma que deveria usar para combater os bandidos, pois sentia medo de não ter forças para evitar a vingança.

*"Meu Deus, eles têm quatro advogados e eu, apenas o promotor. Se o Senhor não me ajudar, acontecerá uma desgraça."*

Após seu desabafo, conseguiu ter uma noite tranquila de sono depois de muitas semanas.

Ao amanhecer, Massa novamente aflito ajoelhou-se defronte ao oratório e rezou. Assim que abriu os olhos percebeu que lá havia uma Bíblia que nunca havia notado. Compreendeu que esta era a arma que Deus havia lhe enviado e deixou o revólver de lado.

Chegando ao Fórum, atravessou um imenso corredor onde cerca de trinta policiais faziam a segurança. Não foi sequer revistado. Se estivesse armado poderia ter matado os três à queima-roupa e na frente de todo o mundo.

A voz do juiz o faz voltar à realidade. Entrega a Bíblia que traz consigo aos advogados, dizendo: *"Espero que os senhores sejam bons profissionais e consigam inocentar esses criminosos. Desejo, também, que as próximas vítimas não sejam seus filhos."*

Levanta-se e saí da sala com a consciência serena. A primeira prova tinha sido superada. Estava certo de ter usado a sua melhor arma.

Na mesma noite foi procurado por vários jornalistas que disseram nunca ter assistido um depoimento como o seu. Um deles foi mais enfático: "Você deu um tapa com luva de pelica nos advogados, mas aposto que doeu mais do que um soco".

## As lições de Teigi Miyashiro

*"Você tem dois caminhos a escolher: o das trevas ou o da luz. Se escolher o caminho das trevas perde tudo. Se escolher o caminho da luz, só vai ganhar."*

Teigi Miyashiro, irmão de Keiko foi seu incansável companheiro e conselheiro nos momentos de dor e aflição. Religioso e equilibrado, aconselhou-a a estudar para fazer o marido feliz e superar o trauma que haviam sofrido. Adepto da filosofia Seicho-No-Ie passou a orientá-la, ministrando preciosas lições de vida.

Para surpresa dos funcionários, Keiko deixou o cargo de compradora nas empresas para dedicar-se aos estudos. Queria compreender porque o filho havia partido de forma tão violenta e manter sua família unida apesar da grande perda.

A primeira lição consistia em substituir todos os pensamentos negativos do passado por pensamentos de luz, amor e gratidão. Purificar a mente para que as coisas negativas não voltassem a se manifestar em sua vida. E para isso, precisava agradecer constantemente e do fundo do coração a todas as dádivas recebidas. Precisava reconciliar-se com todas as coisas do céu e da terra.

Treinava diariamente enquanto fazia o serviço da casa, comia, tomava banho ou caminhava. Agradecia até sentir que o sentimento era verdadeiro e dessa forma, começou a compreender o real valor de tudo o que a rodeava.

Quando Massa chegava do trabalho, ela o recebia dizendo: *"Muito obrigada, muito obrigada."*

Pasmo, ele não entendia o seu comportamento e respondia: *"Mas eu não trouxe nenhum presente. Por que você me agradece?".*

E ela respondia: "Agradeço por você estar aqui. Agradeço por ter voltado para casa depois de um dia de trabalho".

A segunda lição compunha-se em colocar em prática toda a sua força espiritual e sensibilidade. Para os seguidores da Seicho-No-Ie, a mulher tem mais força espiritual do que bruta. Sendo assim, cabe a ela direcionar a vida do homem, fortalecendo-o com palavras e postura positivas. Procurava apoiar as decisões do marido e estar sempre ao seu lado.

A terceira e a mais difícil das lições era o exercício do perdão. Teigi explicou-lhe porque muitas vezes não alcançamos o nosso objetivo por mais que rezemos. Isso acontece porque guardamos mágoa ou rancor de alguma pessoa. Esse sentimento fica escondido no nosso subconsciente, mesmo que aparentemente o tenhamos esquecido e, para sermos ouvidos por Deus, precisamos estar com o coração livre do ódio.

E assim, Keiko passou a rezar a Oração do Perdão para os assassinos do seu filho, até sentir que estava em paz consigo mesma e que havia perdoado sem restrições:

*"Eu lhe perdoei e você me perdoou;
eu e você somos um só perante Deus.
Eu o amo e você me ama também;
eu e você somos um só perante Deus.
Eu lhe agradeço e você me agradece.
Obrigado, obrigado, obrigado...
Não existe mais nenhum ressentimento entre nós.
Oro sinceramente pela sua felicidade.
Seja cada vez mais feliz...*

*Deus lhe perdoa,
Portanto eu também o perdôo.*

*Já perdoei a todas as pessoas
E acolho a todas elas com amor de Deus.
Da mesma forma,
Deus me perdoa os erros
me acolho no Seu imenso amor".*

Após muita prática e exercício, finalmente compreendeu qual era a sua verdadeira missão. Além de trabalhar para manter o marido e a filha saudáveis, era imprescindível ajudar as pessoas a superarem as suas tragédias pessoais, como ela estava superando a sua.

Por meio dos estudos, libertou-se do sentimento de culpa e de vingança. Deixou de punir-se porque aceitou que tudo o que havia lhe acontecido tinha sido uma grande peça representada no "palco da vida". O mundo é uma escola e as desgraças que, para os seres humanos são recebidas como sofrimento, para Deus nada mais são do que lições, que se aproveitadas purificam o espírito e resgatam o carma de cada um.

Foi quando começou a pedir a Deus que lhes mandasse um outro filho para fortalecer e alegrar a família.

Há oito anos tentava engravidar em vão, sem que houvesse qualquer explicação médica para o problema.

Uma criança, neste momento, seria um grande presente divino.

*O poder do perdão*

# Capítulo 8

## A justiça

*Reconcilia-te com todas as coisas do céu e da terra. Quando se efetivar a reconciliação com todas as coisas do céu e da terra, tudo será teu amigo. Quando todo o Universo se tornar teu amigo, coisa alguma do Universo poderá causar-te dano.*

Masaharu Taniguchi

### Exemplo de cidadania

Brasília está agitada. Os políticos discutem. A população protesta e movimentos pela paz fazem manifestações públicas. Um mês após o assassinato de Ives, o governo apresenta ao país uma comissão especial encarregada de revisar o Código Penal. Esta comissão propõe a redução das penas aplicadas aos diversos tipos de seqüestro e latrocínio (roubo seguido de morte). Uma das sugestões é reduzir para uma faixa de 15 a 30 anos de reclusão as penas previstas para o seqüestro seguido de homicídio doloso (morte intencional da vítima), com base na boa conduta do criminoso na prisão.

Atordoados com as notícias e preocupados com a alteração das leis que poderiam beneficiar os assassinos do filho e aumentar a impunidade que reina no país, o casal Ota funda em 22 de setembro de 1997, o Movimento da Paz e Justiça Ives Ota, em sua própria residência. A Entidade, sem fins lucrativos tem como objetivo principal o amparo aos familiares das vítimas de violência.

Massa decide exercer o seu direito de cidadão e solicitar às autoridades a aprovação de uma Emenda Constitucional para a instauração da prisão perpétua em caso de crimes hediondos. Ao mesmo tempo, pretende propor a rejeição do projeto de lei sobre o relaxamento das penas para os crimes violentos, em fase de tramitação no Congresso. Para isso, teria que conseguir a assinatura de no mínimo, um por cento do eleitorado nacional, distribuído em pelo menos cinco Estados, com mais de três décimos por cento dos eleitores de cada um deles.

A tarefa é difícil e complicada, mas ele não se dá por vencido. Inicia uma peregrinação pelo Brasil que só terminaria 19 meses depois, com a coleta de 2.510.395 assinaturas em dez estados brasileiros – número muito maior do que o exigido.

Sua iniciativa gera grande polêmica e discussão. É aplaudida por juristas famosos e considerada um exercício direto da democracia, por se tratar de um ato de interesse coletivo baseado em interesses constitucionais. É um exemplo para que a população contrarie medidas aprovadas por parlamentares e que não atendam a seus interesses. A Emenda pode se transformar num marco na história da Constituição se aprovada pela Câmara, já que desde 1988, quando promulgada a atual Carta, nunca houve um projeto de origem popular aprovado.

As pessoas passam a questionar o seu propósito. Se, de fato, perdoou os assassinos, por que lutar pela prisão perpétua? Não estará sendo contraditório?

Ele argumenta com firmeza: *"Perdoar não é dizer soltem os assassinos do meu filho. Perdoar é tirar o ódio de dentro de você. É não querer mais o mal da pessoa que lhe fez o mal. Perdão é uma coisa e justiça é outra. E a justiça tem que ser cumprida".*

## Um triste natal

Ives abre os presentes. Brinca com o mágico. Canta parabéns na sua festa de aniversário. As imagens se sucedem durante todo o dia. Sobre a mesa estão algumas fitas de vídeo. Sentado no sofá, um homem que só pode ver o filho através das recordações.

Nunca passaram um Natal tão triste. Keiko, pela primeira vez, não sabe o que fazer no dia 24 de dezembro. Não compraram presentes, roupas novas ou fizeram planos. Sua dor é ainda maior ao observar o marido calado e distante. Nenhum dos dois consegue ignorar a saudade e o enorme vazio que o filho deixou.

Lembra que ele adorava as comemorações na casa da vovó Tsuru e decide ir para a casa da mãe. Fica feliz quando Massa aceita o convite, como se ele ainda estivesse junto deles.

Os parentes se esforçam para não falar sobre o assunto e para não deixar a tristeza tomar conta do ambiente. Mesmo assim, a situação é dolorosa e incômoda para todos. Ninguém fica à vontade.

Seguem para a casa dos pais de Massa. O abatimento dos avós é visível e o filho tenta consolá-los: *"Mamãe, Deus é bom e maravilhoso. Nossos antepassados gostam da gente"*.

Haru discorda revoltada.

## A justiça

*"Deus não é bom e os nossos antepassados também não são. Se fossem bons não teriam tirado o Ives da gente."*

O casal, em silêncio, ouve o desabafo cheio de raiva. Prefere não discutir e deixar que as coisas voltem ao normal naturalmente.

Retornam para casa e apesar do sofrimento, Keiko está segura de que um dia tudo irá mudar. No momento certo, eles também conseguirão perdoar e poderão viver em paz.

Confia plenamente em Deus.

*O poder do perdão*

## A recompensa

Vanessa olha pela janela os fogos de artifício que anunciam a chegada do ano, quando percebe que as lágrimas rolam pelo seu rosto. Sente saudade do irmão e é a primeira vez que chora desde que ele morreu. Não havia conseguido derramar uma só lágrima durante os onze dias de espera e nem mesmo no dia do enterro. Os primos, preocupados com a sua apatia, diziam: *"Vanessa, chore, desabafe. Você vai ficar doente"*.

Neste dia 31 de dezembro, entretanto, não pode conter o choro. Lembra que o tio Teigi sempre diz que se eles perdoarem sinceramente os assassinos, o Ives voltará. Reza, então, a Oração do Perdão para os homens que mataram o seu irmão.

Nesta mesma época, um dos voluntários do Movimento contou que havia sonhado com Ives e que ele estava feliz. A família sentiu-se confortada.

*"O Ives está aí, o Ives está aí."*

Era assim que o pequeno William, sobrinho de Keiko, sempre a recebia, apontando para a sua barriga. Todos ficavam perplexos, pois sabiam da sua dificuldade em engravidar.

Foram surpreendidos dois meses depois pela grande notícia: estava esperando um filho. Radiante, contou a novidade ao marido, à filha e aos sogros. Todos choraram, emocionados.

Correu para a casa da mãe e a primeira pessoa que encontrou foi o irmão.

*"Teigi, como Deus é maravilhoso! Está mandando um outro filho para nós."*

O irmão a olhou profundamente e afirmou com convicção: *"Não é outro filho, Keiko. É o Ives que está voltando porque Deus é perfeito e misericordioso".*

Toda a família renascia com o milagre dessa gestação. Para eles, era a confirmação de que o verdadeiro perdão havia manifestado a perfeição de Deus.

## Encontro com Chico Xavier

Acabam de mudar para o apartamento novo e Keiko entra no quinto mês de uma gestação tranqüila e saudável.

O pai, orgulhoso, conversa com o bebê diariamente. Volta do trabalho alegre, carregado de frutas e mimos. Nem parece o homem deprimido e revoltado de meses atrás. Keiko está realizada por fazê-lo sorrir novamente.

Há dias, no entanto, em que a saudade teima em não abandoná-lo. Persiste, rançosa, tirando-lhe o gosto pela vida e a vontade de lutar.

Sente as energias renovadas quando um amigo lhe conta sobre uma excursão à Uberaba. Vão ao encontro de Chico Xavier. Esperançoso com a possibilidade de receber alguma mensagem do filho, decide não perder a oportunidade. A gravidez avançada da esposa não permite que o acompanhe. Parte sozinho.

Chegam à cidade num final de tarde e vão direto para o hotel. Cansada, a maioria se recolhe. Massa, porém, resolve dar uma volta pela cidade. Está ansioso demais para dormir e acredita que uma caminhada o deixará mais relaxado.

A noite está amena e o passeio agradável. Caminha pelas ruas de casinhas simples até que se vê defronte ao Grupo Espírita da Prece. Uma multidão – como sempre – aglomera-se diante dos portões fechados que só se abrirão pela manhã. Pessoas desenganadas e aflitas, doentes do corpo e da alma esperam por uma palavra de consolo.

Um repórter da Rede Manchete de Televisão o reconhece e pede uma entrevista. Estão conversando quando percebem que alguém caminha na direção dos dois. O homem dirige-se a Massa: *"Venha comigo. O Chico Xavier deseja falar com o senhor".*

Surpreso, pois não tinha hora marcada e nem sequer avisado que o procuraria, segue a pessoa até o interior da casa.

A visão de Chico Xavier o emociona. Velhinho e muito doente, precisa de auxílio para se pôr em pé. Sua frágil e pequena figura impõe respeito e reverência. Pede a ele que se aproxime e com a sua voz suave, diz apenas uma frase: *"Quero lhe dar parabéns. Seu filho está voltando".*

Abraçam-se demoradamente como se fossem amigos de muitas vidas.

## Páscoa de 1998

Falta apenas uma semana para a Páscoa. Massa sente vontade de distribuir ovos de chocolate para as crianças. Compra 1.500 ovos de Páscoa e ganha a mesma quantidade do Seu Antonio, comerciante e dono de uma fábrica de chocolates. Sai pelas ruas distribuindo os ovos ao acaso quando tem o impulso de voltar ao mesmo local do ano anterior.

Estaciona na Avenida Zaki Narchi, ao lado da favela, e começa a distribuição. Na medida em que entrega os chocolates para as crianças, tem a nítida sensação de que o filho está ao seu lado, aprovando a sua atitude.

Os ovos se multiplicam e ao ver o rosto alegre daqueles meninos mal-vestidos e descalços, sente uma satisfação inexplicável.

A aglomeração atrai um carro de reportagem. Uma moça pergunta se ele sempre foi um homem caridoso.

"Não. Aprendi com meu filho a dividir o que tenho".

Alguns dias depois, telefona para o promotor Silvio Hiroshi Oyama. Pede desculpas por não tê-lo procurado depois da audiência, pelo seu desinteresse no andamento do processo e por não ter contratado um auxiliar para assessorá-lo. Diz, também, que confia nele e tem certeza de que está sendo assistido por um advogado excelente durante as vinte e quatro horas do dia.

O promotor, intrigado, pergunta quem é esse assessor brilhante e Massa responde:

*"Deus".*

## O julgamento

A secretária de Massa procura as palavras certas para dar a notícia ao patrão. Sua voz soa trêmula ao telefone.

*"O senhor já soube?"* Pergunta reticente.

*"Do quê você está falando?"*

*"Da sentença do juiz..."*

*"Diga logo. O que aconteceu?"*

*"Os três foram condenados."*

Massa emudece. Pego de surpresa, segura o telefone nas mãos e olha para a família ao seu redor. É 2 de junho de 1998, o dia do aniversário dos seus dois filhos. Acaba de cumprir sua promessa: a justiça foi feita.

*O poder do perdão*

A família Ota considera-se vitoriosa. Menos de um ano havia passado e os criminosos iriam a júri popular como autores da prática de diversos delitos. Todavia, esses seriam dias difíceis em que teriam que reviver o sofrimento e que revelariam detalhes cruéis e sórdidos sobre o assassinato do filho.

Com a apresentação das provas e o depoimento das testemunhas, fica claramente provada a culpa dos réus.

A babá, Elvira, reconhece a arma usada no seqüestro. Uma pistola marca Imbel, calibre 380, encontrada com Paulo de Tarso e registrada em seu nome. A perícia atesta que Adelino usava a arma de Paulo no dia do crime.

Um laudo juntado aos autos, dá conta de que o mesmo revólver que matou Ives também foi utilizado para seqüestrar e assassinar o motoboy Wilson Francisco Gonzaga, dias antes, em circunstâncias não esclarecidas. A mulher de Wilson reconhece Paulo e Adelino.

Descobre-se que os três acusados reuniram-se numa pastelaria próxima da loja de Massa após o assassinato. Sérgio Eduardo mostra-se descontente com a morte do menino. A reação de Paulo teria sido um sorriso e a frase:

*"Estou no lucro, já fiz dois partos"*.

Ainda assim, Sérgio não se desliga do grupo e concorda em continuar pedindo o pagamento do resgate.

Alexandra, mulher de Adelino houve a conversa do marido com Paulo de Tarso pelo rádio. Os dois brincam um mandando que o outro entregue o filho morto para o pai.

Uma amiga da esposa de Sérgio Eduardo declara que ela confidenciou-lhe que o marido sabia que o seqüestro iria acontecer.

Fica provada a ligação de Paulo com contraventores do "jogo do bicho". Um de seus vizinhos, também afirma conhecer o tal quarto sem janelas, preparado para o cativeiro.

Quanto mais tentam se defender, mais se enredam na própria teia.

Adelino destitui seu advogado quando ele sugere que se submeta a um exame de sanidade. Passa a ser defendido por um procurador público. Muda seu depoimento e acusa o amigo:

"*Ele (Paulo) disse que ia matar a mim e a minha filha. Me obrigou a dar um tiro, mas acertei no buraco. Deu pra ver onde pegou*".

Paulo de Tarso nega a sua participação no crime, mas não explica o motivo pelo qual seu amigo e seguidor, Adelino, lhe faria uma acusação tão grave. A tese de sua defesa é de que está sendo vítima de uma terrível conspiração. Seu advogado alegaria:

"*Ele chamou esse rapaz (Adelino) para trabalhar como segurança, mas não podia imaginar que seria envolvido nesse tipo de coisa. Até o povo se enganou com o Collor, por que ele não pode?*"

A surpresa maior do interrogatório de Adelino ficou com a suposta não participação de Sérgio em toda a ação:

"*O Sérgio ficou sabendo depois*".

Apesar das repetidas chances que lhe são dadas para se defender contando a verdade, Sérgio segue a mesma linha de defesa do colega militar, reconhecendo assim, a sua culpabilidade.

Adelino é condenado a 45 anos e meio de prisão em regime integralmente fechado. Os militares, Paulo de Tarso e Sérgio Eduardo a 43 anos e 2 meses de reclusão, mais a perda do cargo público.

Os pais de Ives constatam com tristeza, que a vida do filho valia muito pouco nas mãos daqueles homens frios e violentos.

*O poder do perdão*

## PODER JUDICIÁRIO
### São Paulo

17ª Vara Criminal - São Paulo
Processo nº 515/97

De ser lembradas, também, as ações dignas e profissionais dos componentes das duas Polícias, Militar e Civil, sendo de se destacar a colaboração da Polícia Militar, por meio de seu Comando Geral e do ilustre Oficial que preside o feito administrativo, em tudo o que foi possível, para o melhor andamento do procedimento e dos órgãos da Polícia Civil, respondendo com presteza a todas as solicitações deste Juízo, em especial no que diz respeito à realização de perícias.

XII - Isto posto, julgo **PROCEDENTE** a ação penal para **CONDENAR** os réus **ADELINO DONIZETTI ESTEVES**, R.G. 20.772.420-9, filho de Adelino Esteves Júnior e Vicentina Ribeiro Esteves, nascido aos 17 de outubro de 1970 em Santos-SP, à pena de 42 (quarenta e dois) anos de reclusão, em regime integralmente fechado, por infração ao Artigo 159, § 3º, c/c o Artigo 224, letra "a", ambos do Código Penal e o Artigo 9º, da Lei 8072/90, com as demais implicações derivadas desse último diploma legal; à pena de 01 (um) ano e 02 (dois) meses de reclusão, regime inicial fechado e 11 (onze) dias-multa, diária mínima, por infração ao Artigo 211, do Código Penal; e à pena de 02 (dois) anos e 04 (quatro) meses de reclusão, regime inicial fechado, e 11 (onze) dias-multa, diária mínima, por infração ao Artigo 304, do Código Penal, dentre os patamares estabelecidos no Artigo 297, do mesmo Estatuto; **PAULO DE TARSO DANTAS**,

94

## PODER JUDICIÁRIO
São Paulo

17ª Vara Criminal - São Paulo
Processo nº 515/97

R.G. 15.654.714, filho de Antônio Dantas Filho e Maria de Lourdes Dantas, nascido aos 16 de agosto de 1963, em São Paulo-SP, à pena de 42 (quarenta e dois) anos de reclusão, em regime integralmente fechado, por infração ao Artigo 159, § 3º, c/c o Artigo 224, letra "a", ambos do Código Penal e o Artigo 9º, da Lei 8072/90, com as demais implicações derivadas desse último diploma legal e à pena de 01 (um) ano e 02 (dois) meses de reclusão, regime inicial fechado e 11 (onze) dias-multa, diária mínima, por infração ao Artigo 211, do Código Penal; e **SÉRGIO EDUARDO PEREIRA DE SOUZA**, RG. 16.613.090, filho de Deoclides Neves de Souza e Maria Pereira de Souza, nascido aos 10 de fevereiro de 1969, em São Paulo-SP, à pena de 42 (quarenta e dois) anos de reclusão, em regime integralmente fechado, por infração ao Artigo 159, § 3º, c/c o Artigo 224, letra "a", ambos do Código Penal e o Artigo 9º, da Lei 8072/90, com as demais implicações derivadas desse último diploma legal e à pena de 01 (um) ano e 02 (dois) meses de reclusão, regime inicial fechado e 11 (onze) dias-multa, diária mínima, por infração ao Artigo 211, do Código Penal.

Decreto a perda do cargo público com relação aos réus Paulo e Sérgio, com fundamento no Artigo 92, inciso I, letras "a" e "b", do Código Penal. Esse efeito se fará sentir após o trânsito em julgado desta decisão, quando serão lançados os nomes dos réus no rol dos culpados.

95

*O poder do perdão*

## Capítulo 9

## Mistérios da vida

> *Perdoa, enquanto podes.*
> *O perdão é luz que arremessas na direção da vida*
> *e que voltará à fonte de onde procede.*
> Joanna De Ângelis

### Ises

Amanhece em Bragança Paulista, um município com cerca de cem mil habitantes, a 90 quilômetros de São Paulo. Uma moradora da cidade acorda inquieta e perturbada. Tivera um sonho estranho nessa noite, mas ao mesmo tempo tão nítido e real que parece ainda ouvir o pedido do menino.

Imagina uma forma de dar o recado à família sem parecer inconveniente. O mais difícil, no entanto, é o fato de não conhecê-los. O que pensarão dela? Na certa, que está em busca de publicidade ou então, que é maluca.

Num impulso, liga para a telefonista e anota o número da Fundação Ives Ota. Brinca por alguns instantes com o papel que tem nas mãos. Seu coração bate descompassado enquanto caminha para o telefone.

Ivana, Irina, Inês, Ivete...

O casal Ota não tem idéia do nome que dará ao bebê. Não consegue se decidir por um que os agrade e ao mesmo tempo, lembre o filho.

Uma chamada telefônica inusitada, naquela manhã de agosto, resolveria o impasse.

"*Dona Keiko?*"

"*Sim...*"

"*A senhora não me conhece. Eu moro em Bragança Paulista...*"

"*Pois não...*"

"*Estou muito sem jeito. Preciso lhe dar um recado e não sei como.*"

"*Pode falar sem receio*".

"*Sonhei com o seu filho esta noite. Ele pediu para que vocês dessem o nome de Ises à menina que vai nascer.*"

Keiko agradece e desliga o telefone emocionada.

A mulher não se identificou, mas ela não duvida de sua sinceridade.

"*Ises*", repete em voz alta.

O nome lhe parece natural e familiar. Como não haviam pensado nele antes?

## O retorno

Após o julgamento, Elvira despede-se do casal Ota. Seu depoimento havia sido decisivo para a condenação dos acusados. Julgava, agora, que os seus serviços não eram mais necessários à família e também não sabia se teria coragem de retornar àquela casa.

"*Então, seu Massa... Até qualquer dia.*"

*Sandra Mathias*

"*O que é isso Dona Elvira? Não quer mais trabalhar conosco?*"

"*Mas eu pensei que...*"

"*Nada disso! A senhora vai ficar com a gente. Nós queremos ter outro filho e vamos precisar da sua ajuda.*"

"*Obrigada pela confiança, responde comovida.*"

Enquanto prepara o banho do bebê, Elvira pensa na generosidade dos patrões. Poderiam tê-la culpado pelo seqüestro do filho e no entanto, a tratam com carinho e respeito. São eles que a confortam nos momentos em que não pode suportar o peso da dor.

"*Não se culpe, Elvira. Não poderia ter sido de outro jeito*", consola Keiko.

A babá tem suas dúvidas quanto aos acontecimentos e por mais que tente colocar em prática os ensinamentos do casal, não consegue perdoar sinceramente os assassinos.

Ao olhar Ises, entretanto, seu coração se aquece e se enche de esperança. Será mesmo que Ives voltou a viver no corpo dessa criança como os pais afirmam?

Ela que conviveu tão estreitamente com o menino, não pode negar a espantosa semelhança e alguns pequenos detalhes físicos que são idênticos nas duas crianças, como os dedos mindinhos dos pés que são separados dos demais e um sinal que se destaca com nitidez entre os olhos, por exemplo.

Será mera coincidência? Elvira não sabe.

## Vida

"*Seja bem-vinda, meu amor!*", diz Massa ao receber nos braços a filha que acaba de nascer. Na sala de parto, o clima é de festa e a equipe comemora o sucesso da cirurgia. Enquanto despe o uniforme, a médica observa o pai que chora emocionado e sente orgulho da sua profissão. Pensa nos mistérios da vida: enquanto alguns matam e espalham a tristeza, outros escolheram, como ela, trazer as pessoas ao mundo.

A alegria com o nascimento de Ises não ficou só em família. Receberam cartas, presentes e telegramas de todas as partes do país. O quarto do hospital ficou pequeno para acolher as flores que não paravam de chegar e que passaram, também, a colorir e perfumar os corredores.

O Brasil que havia chorado com a morte de Ives, agora comemorava a vida de Ises.

No primeiro Natal após a chegada da menina, a família toda se reuniu. A casa da mãe de Keiko ficou lotada de amigos e a festa durou dois dias inteiros. Recuperavam, assim, a felicidade que haviam perdido e nem pareciam os mesmos do ano anterior. Ises passava de colo em colo e era abençoada por todos.

A grande discussão, no entanto, ficou por conta da reencarnação. Alguns ainda questionavam sobre o sexo, pois se ela era realmente o Ives, como podia ter nascido mulher? Keiko tentava explicar-lhes que o espírito que se aloja no ser humano não tem sexo e o masculino e o feminino é apenas uma característica do corpo carnal. Ela e o marido não tinham dúvidas de que o filho estava de volta.

Como de costume, foram à casa dos pais de Massa. Haru está feliz e olha para a neta com amor:

*"Massa e Keiko têm sorte".*

A família está novamente em harmonia. É o melhor Natal de suas vidas.

## Semelhanças

*"Ladrão queria dinheiro e levou eu. Papai foi me buscar no céu, não foi?"*

A conversa da criança pega os pais de surpresa e os deixa sem resposta. Ises tem apenas três anos de idade para fazer uma observação tão séria.

*O poder do perdão*

Keiko e Massa ainda se surpreenderiam muito com o passar dos anos. Algumas palavras, olhares, gestos e atitudes poderiam passar desapercebidos para pessoas da família ou amigos. Mas eles perceberiam os sinais...

Certa vez, Massa procurava por um objeto quando encontrou, por acaso, perdida em um canto de um armário, a velha mochila escolar de Ives.

A menina não teve dúvidas. Saltou sobre o pai e arrancou-lhe a mochila das mãos, cheia de felicidade.

*"Isso é meu!"*

*"Não, minha filha. Essa mochila era do seu irmão."*

*"Não era, não. Ela é minha. Onde estava? Eu procurei tanto..."*

E saiu correndo pela casa, antes que o pai tivesse tempo de esboçar qualquer reação.

Numa noite, Massa sentiu saudade do filho. Olhava a filha dormindo na cama e não pode conter as lágrimas. A menina acordou inesperadamente.

*"O que foi papai? Você tá chorando?"*

*"Não, querida. Estava pensando no seu irmão."*

*"Não fica assim. O Ives está bem, não chora mais."*

O que mais impressionou o pai não foram as palavras "adultas" da garota de cinco anos de idade; foi o calor das suas pequenas mãos ao segurarem as suas e a forma como ela o olhou. Aquele era um olhar conhecido...

Algum tempo depois, Vanessa também descobriria uma grande "coincidência". Remexia algumas gavetas à procura de documentos quando encontrou a carteira do convênio médico do irmão. Havia sido feita no mesmo ano de sua morte e nem sequer fora usada.

Foi então que percebeu um erro que não tinha sido notado na ocasião: o nome digitado era Izis.

Ises tem hoje oito anos – a mesma idade que o seu irmão quando partiu. É uma criança bonita, alegre e comum. Tem cabelos negros, olhos castanhos e curiosos, um riso fácil e maroto. Gosta de desenhar e colorir. Brinca de boneca e adora bichos de pelúcia.

Cresce em meio à luta de seus pais por um futuro mais justo e menos violento. Freqüenta a Fundação Ives Ota diariamente e participa de palestras e eventos na companhia da família.

Sua letra é idêntica à do irmão. É impossível distingui-las.

## A hora da verdade

A figura de Seu Alípio é chocante. O motorista de táxi usa um boné para esconder a metade do rosto deformado. Sempre quis encontrar os rapazes que quase o mataram e o deixaram irreconhecível e com a vida arruinada. Agora, está frente-a-frente com um deles e tenta entender o porquê de tanta crueldade. A imagem mais forte, no entanto, é o momento em que o criminoso, com as mãos algemadas, envolve seu Alípio num abraço emocionante.

Massa desliga a televisão impressionado com a cena que acaba de assistir e diz para sua mulher:

*"Se eles me chamassem, eu iria".*

Algumas semanas depois, como se tivesse escutado o seu pedido, Tim Lopes telefona para a sua casa e o convida para participar do programa "A Hora Da Verdade".

*O poder do perdão*

Encontros de mediação entre vítimas e criminosos já existiam nos Estados Unidos, promovidos por governos de alguns estados e organizações não-governamentais. Daí surgiu a idéia de produzir um programa de TV que registrasse esses encontros, o que foi sucesso por lá. Tim Lopes resolveu fazer um quadro nos mesmos moldes para o Programa Fantástico, da Rede Globo.

A partir das pastorais carcerárias da CNBB – Confederação Nacional dos Bispos no Brasil, grupos evangélicos e voluntários anônimos teve acesso a histórias dessa violência cotidiana. Histórias com rosto, nome e endereço. Histórias de pessoas dispostas a descobrir o porquê do roubo, do tiro, do assassinato. Histórias de quem queria falar porque roubou, agrediu e matou.

Masataka Ota era um desses nomes. Tentara sem sucesso e por conta própria, um encontro com os assassinos do filho. Aceitara imediatamente o convite para ficar frente aos seus algozes. Era a oportunidade esperada por muito tempo de ter uma explicação, olhar nos olhos e sentir o arrependimento dos criminosos.

Os militares não aceitaram o desafio, mas Adelino resolveu falar.

Enquanto atravessa os portões da Penitenciária de Avaré, Massa sente as pernas trêmulas e o coração aos pulos.

A produção também está tensa e apreensiva. Muitas vítimas, antes do encontro, sofrem colapsos nervosos e precisam fazer uso de calmantes ou serem acompanhadas por médicos. Massa, porém, dispensou todos esses cuidados.

Usando roupas brancas e uma camiseta com a foto do filho, sua marca registrada desde a fundação do Movimento Ives Ota, caminha ao encontro de Adelino.

Na pequena sala de audiência, senta-se à mesa e espera. De olhos fechados e mãos postas, medita. O clima torna-se mais pesado.

Não há como voltar atrás quando a porta se abre. Os dois, agora, terão que enfrentar a hora da verdade.

O mediador da CNBB está visivelmente nervoso. Um dos câmeras deixa cair o equipamento. Os carcereiros estão imóveis e atentos ao menor gesto.

O encontro dura poucos minutos, mas parece uma eternidade.

*"Por que você matou meu filho?"*

*"Não fui eu."*

*"Então, por que você deixou?"*

*"Foi um acidente. A arma disparou."*

*"Fico feliz por você ter a coragem de me encontrar, ao contrário dos seus amigos que sempre fugiram de mim."*

*"Seu Massa, o senhor precisa acreditar; eu não matei seu filho."*

*"Mas você tem consciência do mal que fez à nossa família?"*

*"Sim. Eu mereço ser punido."*

*"Então eu perdôo você. Reze pelo meu filho e cumpra a sua pena."*

Massa aperta a mão do homem e vai embora. Mais importante do que dar a chance ao seu algoz de tentar explicar o que nunca será explicado, falar do seu remorso ou do seu momento de loucura, era ele quem precisava saber realmente o que sentia.

Até esse encontro, tinha dúvidas quanto à sinceridade do seu perdão.

## O paraninfo

A calçada em frente ao Presídio Militar Romão Gomes é pequena para acomodar tantos repórteres. A notícia de que Masataka Ota iria visitar o local onde estavam presos os assassinos do seu filho atraiu uma multidão, que aguarda a sua chegada em frente aos portões.

A corporação espera constrangida. O próprio comandante confessaria, mais tarde, que tinha a certeza de que ele os acusaria de bandidos fardados.

A mídia que também esperava por um discurso acalorado e cheio de rancor, calou-se diante da serenidade de Massa.

*"Não vim aqui para falar mal da polícia! Não vou acusar todos vocês por causa de dois homens disfarçados de militares!"*

Massa caminhou pelo presídio e ficou surpreso com a grande área verde que encontrou ideal para a implantação do seu projeto agrícola para presos. Propôs ao Comandante o envio de sementes e ferramentas para uma primeira experiência. Os repórteres, que acompanhavam a visita, pediram que falasse sobre o andamento do projeto de lei.

*"O seqüestro e a morte do meu filho repercutiram mundialmente. Quando iniciei a coleta de assinaturas, fui procurado por vários brasileiros que moram em outros países e queriam colaborar com a minha luta. Percorri dez estados brasileiros, durante dezenove meses, levando a idéia da prisão perpétua, com trabalho obrigatório. Recebi também abaixo-assinados de Estados que não visitei. O importante é que muita gente ficou sabendo da minha iniciativa, inclusive vários políticos. O projeto foi entregue em 13 de maio de 1999 ao presidente da Câmara dos Deputados, Michel Temer, para que ele possa começar a tramitar. Já fiz a minha parte, colhendo mais de dois milhões de assinaturas. Agora, os deputados que foram escolhidos pelo povo, têm a tarefa de transformar o projeto em lei. Depende deles".*

Um deles pediu para que explicasse como funcionaria esse projeto.

*"A renda do trabalho do preso será dividida em quatro partes: 30% para a família do detento, 30% para a família da vítima, 30% para a penitenciária e 10% para ele. Como ficará preso até sua morte, o dinheiro que guardar provavelmente será destinado à sua própria família. Se o projeto se transformar em*

*lei, tenho certeza de que as pessoas vão pensar, antes de cometer um crime. Um homem que fica preso o resto de sua vida sem fazer nada, só pensará em fazer maldade. Mas, com o trabalho, ele não terá um minuto para pensar em praticar o mal. Também é uma forma de ajudá-los. Perdi meu filho, mas não tenho ódio nem penso em vingança."*

A entrevista continuava, mas o que os repórteres queriam saber era se ele achava que os presídios brasileiros tinham condições de recuperar os presos e se a polícia estava preparada para combater a criminalidade. Massa respondeu com segurança e convicção.

*"Da forma como os presídios estão sendo conduzidos e administrados não irão recuperar ninguém. Os presos acabam se revoltando ainda mais com as péssimas condições e a superpopulação das cadeias. A recuperação só ocorre se as celas tiverem condições razoáveis, com o indivíduo trabalhando e recebendo orientação religiosa.*

*Quanto à polícia, eu acho que eles não têm as mínimas condições para atuar. Os salários são baixos e os policiais mal-equipados, entre outras deficiências. Além disso, o Código Penal protege os criminosos. Eles estão de mãos atadas."*

A visita terminou tranqüila e cordialmente. Massa voltaria ao Presídio Romão Gomes em breve, num dia de festa. Além de seu projeto ter sido aceito pelo Comandante, receberia das mãos dos policiais militares uma medalha e o diploma de "Paraninfo da Corporação". Acompanhado por sua mulher, Massa não pode esconder a emoção ao ser homenageado.

*"Obrigado pelo carinho. Sei que entre vocês existem muitos homens bons e que trabalham com amor. Por isso, aceito essa homenagem com muita honra."*

Mais um relacionamento que poderia ter sucumbido ao ódio havia se transformado. A família Ota continuava superando os seus desafios.

*O poder do perdão*

## Polícia Militar do Estado de São Paulo

### Escola de Sargentos

O Comandante, Oficiais, Praças e Funcionários Civis demonstram, através deste Diploma, profundo reconhecimento pelos eficientes, relevantes, e inestimáveis serviços prestados a este Estabelecimento de Ensino e apresentam ao Ilmo Sr MASATAKA OTA os mais efusivos agradecimentos, certos de que, dessa relação, frutificou uma indissolúvel e leal amizade.

Quartel em São Paulo, 01 de Setembro de 1.998.

ANTONIO CHIARI
Cel PM - Cmt

*O poder do perdão*

## Capítulo 10

## *Pela paz*

*É preciso coragem para ser feliz...*
*Keiko Ota*

Quando Keiko e Massa fundaram o Movimento Paz e Justiça Ives Ota, sabiam que as dificuldades seriam enormes. Sem recursos, doações ou ajuda governamental, tiveram que arcar com todas as despesas para a manutenção da estrutura. Porém, na medida em que viam o projeto crescer pelo seu próprio esforço, sentiam-se gratificados. Tiveram que reduzir a carga de trabalho nas suas lojas para poder atender aos compromissos, contratar pessoal, aumentar instalações, comprar equipamentos. Mas nada disso assustava os dois filhos de imigrantes, habituados à luta e ao trabalho.

Os voluntários não tardaram a chegar. E foram bem recebidos.

Homens e mulheres. Brancos, negros e japoneses. Idosos, jovens e crianças. Católicos, espíritas, umbandistas e evangélicos juntaram-se à luta.

Hoje, o Movimento da Paz e Justiça Ives Ota é conhecido e respeitado. Por trás de sua fachada branca, na principal avenida do bairro, existe uma colméia constantemente atarefada.

Os telefones estão sempre tocando e muitas vezes, trazem do outro lado da linha a voz angustiada de alguém que perdeu um familiar de forma violenta. Outras vezes, são pais e mães que precisam de ajuda e conselhos ou professoras de escolas da periferia perguntando como encaminhar alunos problemáticos ou violentos.

Desde que a família Ota se engajou nessa luta, não passou um só dia sem conviver com histórias fortes e comoventes. São testemunhos de dor, violência, descaso, impunidade, tristeza. Mas lá estão eles, serenos e firmes cumprindo a sua missão: compartilhando experiências, amparando e transformando a vida de todos os que cruzam o seu caminho.

— • —

Iracy Fróes é meio desligada para datas, mas calcula que já trabalha no Movimento há cerca de seis anos. Baiana de Itiruçú, morava em Minas, casou e veio para São Paulo. Hoje tem duas filhas Sarah e Stela. Presta serviçostambém para Sociedade Amigos Jardim Marília, na Zona Leste. Quando recebeu um telefonema da irmã Lita ficou impressionada com o relato da família e não teve dúvidas.

Procurou pelo casal Ota e, desde então, é o braço direito do Movimento Paz e Justiça Ives Ota, exercendo a função de Diretora Social.

*"Estou no lugar certo e adoro o que faço. Eles são a minha família."*

— • —

Dona Aparecida*[3] chegou à maternidade em adiantado trabalho de parto. Estava grávida de gêmeos. O hospital era públi-

---

[3] Todas as histórias são reais e foram narradas pelo casal Ota. Os nomes indicados com asteriscos (*) foram substituídos para preservar a identidade das personagens.

*Sandra Mathias*

co e o atendimento demorado. Seu marido, aflito, corria de um canto a outro sem encontrar quem pudesse atendê-los. A mulher passava mal, com fortes dores, sangramentos e desmaios. Ela e os filhos morreram sem socorro e seu marido não tardou a descobrir o porquê. Desesperado, foi até a festa onde o médico se divertia ao invés de estar cumprindo o seu plantão e o matou.

Quando conversou com a família Ota e soube que haviam perdoado os assassinos do filho, se arrependeu profundamente.

Hoje, cumpre pena em regime aberto.

— • —

No interior de uma cidade de Minas Gerais, uma criança de quatro anos foi estuprada e morta. Lúcia* está em estado de choque. Acaba de perder o que lhe era mais caro na vida: sua pequena filha.

O assassino é preso, mas nada acalma a sua sede de vingança. Não tem muitas posses, mas vende todos os seus bens e contrata jagunços para matar o bandido. Agora, não tem mais nada a perder...

Alguém lhe fala do casal Ota. Conseguem o telefone e insistem para que fale com eles antes de cometer qualquer loucura. A ligação demora horas e por fim, Keiko consegue convencer a pobre mulher a perdoar.

— • —

Rodrigo* chegou ao Movimento sem convite ou chamado. Era um adolescente infrator, calado, desconfiado e que nunca olhava as pessoas nos olhos. Vinha de uma família cheia de problemas e havia passado um longo período na Febem. Foi acolhido e amparado. Deram-lhe tarefas, conselhos e devolveram-lhe aos poucos a confiança em si mesmo. Já estava conseguindo um pouco de equilíbrio e segurança quando foi assassinado. As suas dívidas pretéritas não foram perdoadas.

— • —

Ângelo e Brenno nasceram em Uberlândia e eram amigos inseparáveis desde a infância. Morreram juntos, assassinados em um assalto que chocou a cidade.

O pai de Ângelo, um fazendeiro, estava sendo influenciado pelos amigos. Com muito ódio, só pensava em matar os bandidos e era incentivado por todos.

*"Manda matar. Você tem dinheiro, acaba com eles!"*

Foi então que se encontrou com Massa, que passava pela cidade buscando assinaturas para a aprovação do seu projeto de lei e tiveram uma longa conversa.

*"Se você mandar matar, sua atitude será pior do que a dos homens que assassinaram seu filho. E depois, seus amigos irão desaparecer no momento em que você for preso. Deixe os condenados à justiça de Deus."*

Ao chegar ao hotel, Massa pegou um livro e o abriu aleatoriamente. Na página aberta, estava reproduzido o diálogo que tivera com o pai de Ângelo.

No dia seguinte, entregou o livro a ele e aconteceu o mesmo. Foi então, que o pai revoltado e aflito se convenceu de que aquele encontro não tinha sido por acaso.

Hoje, o pai de Brenno, que é empresário e já tinha entendido a partida do filho sem revolta ou ódio, é um grande amigo do pai de Ângelo.

Os dois se apóiam, conversam, fazem projetos. São amigos inseparáveis como seus filhos foram em vida.

—— • ——

Para fugir da violência, a família Araújo Teixeira* decidiu mudar-se de Osasco para a cidade de Bragança Paulista. Estavam convencidos de terem tomado a decisão acertada.

O filho mais velho, promotor público em ascensão, era o orgulho dos pais e irmãos. Tornou-se amigo da família Ota por ocasião da morte de Ives e, ironicamente, foi assassinado algum tempo depois pelo ex-namorado de sua noiva.

A família desmoronou. Apesar da religiosidade não podiam aceitar que tivessem perdido um filho generoso, defensor da justiça e com um futuro brilhante por uma razão tão banal como uma crise infundada de ciúme.

Decidiram que o melhor remédio para a dor era o suicídio coletivo.

Quando Massa foi avisado, correu para Bragança em auxílio dos amigos.

*"Não temos mais razão para viver sem o nosso filho, chorava o pai desalentado."*

*"Vocês estão errados e farão o seu filho sofrer mais ainda se cometerem essa loucura, argumentava Massa."*

Os pais se abraçaram. Massa, mais do que ninguém compreendia a dor daquele pobre pai e só voltou para sua casa quando o amigo lhe garantiu sinceramente que iria lutar.

— • —

Keiko dava o seu testemunho em uma escola pública em São Caetano do Sul. Nesse dia, falava para uma platéia de mães que haviam perdido seus filhos de forma violenta.

Ressaltava a importância do perdão e a necessidade de se libertarem do sentimento de culpa. Explicava que a alegria, o sorriso e o agradecimento eram exercícios essenciais para superarem o sofrimento.

Uma mulher triste e de semblante carregado ouvia com atenção. Levantou-se e começou a contar a sua história.

*"Na semana em que meu filho morreu, eu estava muito feliz. Cantava, ria sem motivo e estava de bem com a vida. No dia em que ele partiu eu estava alegre e nem pressenti o perigo. Fui castigada. Eu devia saber que não poderia estar feliz quando uma coisa tão horrível estava para acontecer. Desde então, nunca mais soube o que era sorrir. Faz dez anos que não escuto o som da minha própria risada e nem me permito qualquer alegria."*

Keiko a chamou para um longa conversa em particular. Ao final da palestra, a mulher esboçava um tímido sorriso...

— • —

Febem de Pirituba. Setenta mães de menores infratores ouvem atentamente o testemunho de Keiko. Nesse dia, ela fala da importância do amor, da atenção e do diálogo. Explica que os pais devem criar os filhos com afeto desde pequenos e redobrar o amor, caso tenham cometido crimes ou infrações.

De repente, uma das mulheres se desespera. Atira-se ao chão. Chora. Puxa os cabelos.

*"Eu sou a única culpada por meu filho não estar aqui. Fui eu quem nunca soube demonstrar amor pelo meu menino, gritava descontrolada."*

*"O amor pode curar tudo. Você ainda tem tempo e tudo tem o seu momento"*, acalmava Keiko.

*"Então me ajude. Eu quero aprender mais"*, pediu a mulher.

Nascia nesse momento, mais uma voluntária do Movimento Paz e Justiça Ives Ota.

— • —

Keiko e Massa voltam de Diadema. Param num sinal fechado quando percebem que um carro luxuoso e de vidros escuros estaciona ao lado deles.

Guarda-costas armados abrem a porta e observam ao redor. Fazem, então, um sinal para que o patrão desça do carro.

O homem, irmão de um cantor famoso no Brasil e que foi vítima de um seqüestro violento e rumoroso há alguns anos atrás, abraça Massa calorosamente.

*"Como é que você pode andar por aí sem guarda-costas, depois de tudo o que te aconteceu?"*, pergunta espantado.

*"De que me adiantaram os seguranças, se foram eles próprios que mataram o meu filho?"*, responde Massa, serenamente.

*"E então, por isso, você resolve andar desprotegido?"*, retruca o homem.

*"Não, meu amigo. Tudo mudou e eu me sinto mais seguro do que nunca"*, diz Massa apontando para o céu.

Despedem-se com um aperto de mão e cada um segue o seu caminho acompanhado pelo segurança que escolheu.

— • —

É novamente dia de palestra na Febem. Desta vez, a platéia de Keiko são centenas de meninos uniformizados e de cabelos raspados.

Keiko fala de regeneração, da possibilidade de recomeçar uma vida nova e do perdão de Deus. Explica que aqueles que se arrependerem de verdade, terão uma nova chance de construir um futuro digno e decente.

No meio da multidão, um garoto franzino que não aparenta mais do que quinze anos, levanta a mão, envergonhado.

*"Dona, eu sou um seqüestrador. Igual aos que levaram o seu filho*, diz o menino.

*"Reflita, meu filho. Você tem uma nova oportunidade"*, argumenta ela.

*"Mas Dona, eu já matei! Será que Deus vai me perdoar?"*, pergunta aflito.

*"Sim, você também é filho Dele"*, responde Keiko com doçura.

— • —

O livro de Keiko e Massa chegou às mãos de Seu João[*] na prisão. Condenado por assassinato, já havia cumprido quase um terço da pena quando começou a leitura e a prática do perdão. As palavras lhe faziam bem e lhe davam esperança de poder se transformar em um ser humano melhor, livre do ódio e pronto para recomeçar.

No dia em que a sua liberdade foi concedida, procurou pelo seu melhor amigo que também cumpria pena por homicídio e lhe entregou o livro.

*"Tome. Leia isso e faça a Oração do Perdão. Essa é a sua única salvação aqui dentro."*

Atravessou os portões do presídio disposto a não errar mais.

— • —

Seu Francisco* era um farmacêutico conceituado e respeitado em um bairro da zona sul de São Paulo. Tinha uma vida simples e feliz ao lado de sua família até o acidente de motocicleta que tirou a vida do seu jovem filho.

Depois da tragédia não conseguia mais trabalhar ou viver normalmente. A alegria se esvaia e sobrevivia como um vegetal.

Começou a receber as visitas de Teigi, que aos poucos foi lhe ministrando as preciosas lições que transformaram a vida de sua irmã, Keiko.

Há dois anos, o farmacêutico ganhou um netinho que é a sua alegria. Para surpresa do avô, o pequeno garoto, ao ver uma motocicleta agarrou-se assustado ao Senhor Francisco.

*"O que foi meu filho?"*

*"Tem medo de moto, vovô."*

*"Mas ela está longe e não vai te machucar."*

*"Sabe, vovô? Eu já morri de moto quando morava na sua casa."*

— • —

Massa estava no bairro do Tatuapé quando encontrou um delegado conhecido. Conversaram animadamente. O policial era um homem culto, agradável e de família abastada. Ao final do encontro, apertou a mão do comerciante e disse: *"Admiro o seu trabalho, mas se fosse o meu filho, eu matava todos eles".*

Massa despediu-se e nada respondeu.

*O poder do perdão*

Pouco tempo depois, parou num farol vermelho e um carro de consulado encostou ao seu lado. O motorista, homem simples e simpático, colocou a cabeça para fora da janela e disse: *"Continue lutando. Deus vai te recompensar!"*.

Massa sorriu e acenou. O sinal abriu e ele seguiu o seu caminho em paz.

— • —

A rotina de Keiko e Massa é sempre intensa. Além dos compromissos habituais, o casal atende dezenas de emergências diárias, por telefone ou pessoalmente.

Hoje, entretanto, é dia de descanso e a família aproveita para se reunir no tradicional almoço de domingo.

Massa observa os sobrinhos adolescentes que jogam uma partida de futebol. Por um momento, pensa em como teria sido a sua vida se o filho estivesse vivo. Mas é apenas por um momento...

Como se adivinhasse os seus pensamentos, a pequena Ises corre ao seu encontro. Aperta a filha contra o peito e sorri feliz.

Sabe que não pode mudar o passado, mas está lutando para fazer um novo futuro.

## Making of

## Pequena história desta história

Quem vê o modo sereno como Masataka Ota e sua mulher, Keiko, falam das lições extraídas da tragédia, não tem a dimensão do desespero que tomou conta da família assim que o assassinato de Ives foi revelado.

A morte do filho foi um duro aprendizado que os transformou radicalmente e serviu, segundo eles, para que descobrissem o sentido da verdadeira felicidade.

Convivi estreitamente com a família Ota durante um ano. Tivemos diversas conversas, entrevistas, enfim, diálogos... Alguns desses momentos foram extremamente dolorosos para os entrevistados e inclusive para mim, do outro lado do "gravador". Freqüentei a Fundação Ives Ota, fui convidada para festas familiares, comemorações e bingos beneficentes. Assisti a palestras, missas e entrevistas. Participei de carreatas, jantares e eventos. Fui apresentada a amigos e parentes.

Keiko e Massa me acolheram, generosamente, como um membro da família. Franquearam os seus arquivos, emprestaram documentos, colocaram-me em contato com pessoas ligadas ao projeto e permitiram que eu escolhesse fotografias do seu acervo pessoal.

Muitos momentos foram especiais durante esse trabalho. O primeiro dia em que os encontrei na sede da Fundação para apresentar o meu projeto foi um desses instantes inesquecíveis.

Dois outros foram de muita emoção. As entrevistas com a babá Elvira e com a professora Izilda. Ambas, não foram ouvidas pela mídia na época do crime e se dispuseram a conversar comigo, apesar dos oito anos que já haviam se passado.

Encontrei-me com D. Elvira em 25 de outubro de 2005. Mesmo sendo o dia do seu aniversário, não quis cancelar o nosso compromisso. A mulher que se mostrou reticente e desconfiada no início da nossa conversa, chorava abraçada comigo ao final da entrevista.

Já a Professora Izilda concordou em me receber na escola onde trabalha – a mesma em que Ives estudava – no mês de março deste ano. Após duas semanas tentando marcar um encontro sem sucesso, já me preparava para desistir quando recebi o seu chamado. O que a princípio pareceu-me falta de vontade, nada mais era do que a imensa dificuldade em lidar com o sofrimento, ainda tão presente.

Essa história foi feita de muitos sentimentos. Tristes, intensos, surpreendentes, dolorosos, felizes e enriquecedores.

Sinto-me feliz ao concluir este trabalho. Sei que ele contribuiu bastante para o meu crescimento como futura profissional e foi, principalmente, uma experiência de vida que me transformou como ser humano.

Sandra Mathias
Maio/2006

# Referências

## 1 – Apoio conceitual e teórico

ANDRADE, Maria Margarida de. *Introdução à metodologia do trabalho científico.* São Paulo: Atlas, 1997.

BICUDO, Hélio. *Violência, Brasil cru e sem maquiagem.* São Paulo: Moderna, 1997.

CAMPBELL, Joseph. *O poder do mito.* São Paulo: Palas Athena, 1990.

CARRERA, Nelson A. *Navios da Imigração Japonesa* – A história das linhas marítimas do Extremo-Oriente à Costa Leste da América do Sul. Santos: 1998.

HASHIMOTO, Francisco. *Sol nascente no Brasil:* cultura e mentalidade. São Paulo: HVF – Arte & cultura, 1995.

KUNSCH, Dimas A. *Maus pensamentos:* o mistério do mundo e a reportagem jornalística. São Paulo: Annablume/Fapesp, 2000.

LIMA, Edvaldo Pereira. *Páginas ampliadas:* o livro-reportagem como extensão do jornalismo e da literatura. São Paulo: Manole, 2003.

LUDUVIG, Monica Martinez. *Análise da estrutura narrativa mística.* São Paulo: Curso de especialização em comunicação jornalística, s/d.

LOPES, Mauricio Antonio Ribeiro. *Constituição Federal*. São Paulo: Revista dos Tribunais, 2001.

MARKUZ, J.B. *Quem tem medo do seqüestro?* São Paulo: Hagana, 2004.

MEDINA, Cremilda. *Entrevista:* o diálogo possível. São Paulo: Ática, 1986.

MEDINA, Cremilda. *A arte de tecer o presente:* jornalismo e cotidiano. São Paulo: Summus, 2003.

MORAIS, Régis. *O que é a violência urbana*. São Paulo: Brasiliense, 1995.

NINOMIYA, Masato. *O futuro da comunidade nikkey*. São Paulo: Mania de Livro, 1996.

PAULO, Universidade de São Paulo. *Revista USP*, Dossiê Brasil-Japão. São Paulo: 1989.

TANIGUCHI, Masaharo. *Sutras sagradas*. São Paulo: Seicho-No-Ie, 2003.

VILAS BOAS, Sérgio. *Biografias & Biógrafos:* jornalismo sobre personagens. São Paulo: Summus, 2002.

VILAS BOAS, Sérgio. *Perfis e como escrevê-los*. São Paulo: Summus, 2003.

# 2 – Artigos

ADORNO, Sérgio. Crise no sistema de justiça penal. *Revista Ciência & Cultura*. São Paulo, p. 50-51, jul. 2002.

CALDEIRA, Teresa Pires do Rio. Violência, direitos e cidadania: relações paradoxais. *Revista Ciência & Cultura*. São Paulo, p. 44-46, jul. 2002.

IZUMINO, Wânia Pasinato, NEME Cristina. Violência urbana e graves violações de direitos humanos. *Revista Ciência & Cultura*, p. 47-49, jul. 2002.

JORGE, Maria Helena Prado de Mello. Violência como problema de saúde pública. *Revista Ciência & Cultura*, p. 52-53, jul. 2002.

PERES, Maria Fernanda Tourinho. Prevenção e controle: oposição ou complementaridade para a redução da violência? *Revista Ciência & Cultura*. São Paulo, p. 54-55, jul. 2002.

POCHMANN, Marcio. Violência e emigração internacional na juventude. *Revista Ciência & Cultura*. São Paulo, p. 39-43, jul. 2002.

SANTOS, José Vicente Tavares dos. Microfísica da violência, uma questão social mundial. *Revista Ciência & Cultura*. São Paulo, p. 22-31, jul. 2002.

## 3 – Entrevistas

BOSCO, Ana. SIQUEIRA, Liliana. *Somos vítimas de um jornalismo rápido e superficial*. Entrevistado Dimas A. Künsch, jun. 2001.

KÜNSCH, Dimas A. *Jornalismo Informativo (um diálogo com Edvaldo Pereira Lima)*, para o site Texto Vivo.

PANHACHÃO, Fabiana. *O que vale no jornalismo literário é a forma de contar*. Entrevistado Humberto Werneck, nov. 2002.

_____. *É errado pensar que o jornalismo literário não é modo de ver a realidade*. Entrevistado Sergio Vilas Boas, dez. 2002.

## 4 – Filmes

BRUGGE, Pieter Jan. *Refém de uma vida* (The clearing), 2004.

SCOTT, Tony. *Chamas da vingança* (Man on fire), 2004.

SILVEIRA, Breno. *Dois filhos de Francisco – A História de Zezé de Camargo e Luciano*, 2005.

YAMAZAKI, Tizuka. *Gaijin – Caminhos da Liberdade"* (Gaijin), 1980.

## 5 – Livros –reportagem

AWAD, Elias. *Fernando Dutra Pinto:* Você acredita em mim? São Paulo: Novo Século, 2002.

BARCELLOS, Caco. *Abusado,* o dono do morro Dona Marta. Rio de Janeiro: Record, 2003.

_____. *Rota 66:* a história da polícia que mata. Rio de Janeiro: Record, 2003.

CAPOTE, Truman. *A sangue frio.* São Paulo: Companhia das Letras, 2003.

DOYLE, Evelyn. *Evelyn, uma história real.* Rio de Janeiro: Record, 2004.

FIUZA, Guilherme. *Meu nome não é Johnny.* Rio de Janeiro: Record, 2004.

FREIDENSON, Marilia. BECKER, Gaby. *Passagem para a América:* relatos da imigração judaica em São Paulo. São Paulo: Imprensa Oficial, 2003.

HERSEY, John. *Hiroshima.* São Paulo: Companhia das Letras, 2002.

KUNSCH, Dimas A. *Marina Silva.* São Paulo: Salesiana, 2001.

LIMA, Roni. *Rio bandido:* uma reportagem sub-urbana. Rio de Janeiro: Mauad, 1996.

MÁRQUEZ, Gabriel García. *Notícia de um seqüestro.* Record: Rio de Janeiro, 1996.

MITCHEL, Joseph. *O segredo de Joe Gould.* São Paulo: Companhia das Letras, 2003.

MORAES, Dênis de. *O rebelde do traço:* a vida de Henfil. Rio de Janeiro: José Olympio, 1996.

MORAIS, Fernando. *A ilha.* São Paulo, Companhia das Letras, 2001.

_____. *Cem quilos de ouro e outras histórias de um repórter.* São Paulo: Companhia das Letras, 2003.

MORAIS, Fernando. *Olga*. São Paulo: Alfa-Omega, 1987.

OTA, Keiko Iolanda. *A vida do Ives Ota, o mensageiro da paz*. São Paulo: Movimento Paz e Justiça Ives Ota, 1999.

RIBEIRO, Alex. *Caso Escola Base:* os abusos da imprensa.São Paulo: Ave-Maria, 1995.

ROCHA, Guilherme Salgado. *Chico Pinheiro*. São Paulo: Salesiana, 2000.

SOUZA, Percival de. *Narcoditadura*. O caso Tim Lopes, crime organizado e jornalismo investigativo no Brasil. São Paulo: Labortexto Editorial, 2002.

TALESE, Gay. *Fama e anonimato*. São Paulo: Companhia das Letras, 2004.

## 6 – Reportagens

ALCADE, Luísa. Inimigo Íntimo. *Revista Isto É*. São Paulo, p.130-131, set. 1997.

BOZZETTO, Élton, GIANNELLA JR., Fúlvio. Em nome dos filhos. *Revista Família Cristã*. São Paulo, p. 52-53, mar. 2004.

GAROTINHO, Comandante e colegas repudiam Pms que executaram. *Diário Popular*. São Paulo, p.18.

GUSMÃO, Marcos. Eu negociei a vida do meu filho. *Revista Você S.A*. São Paulo, p. 22-29, out. 2005.

CORREIO Paulistano. Uma campanha contra a impunidade. São Paulo, p. 6-7, jan. 1999.

MALAQUIAS, Rogério. Um coração sem ódio. *Revista Repórter Facesp*. São Paulo, p. 8-10, jun. 1999.

MONTEIRO, Vinícius. Masataka Ota, Lição de vida. *Jornal Nippo-Brasil*. São Paulo, p. 6-7, fev. 2002.

OYAMA, Thaís. O ódio come a gente. *Revista Veja.* São Paulo, p. 54-56, set. 2001.

PIRES, Paulo Sérgio. Depois da violência, um movimento de paz. *Jornal Metrô News Leste,* p. 6-7, 01 jul. 1998.

SABEDORIA. Movimento de paz e justiça é prova de força e Gazeta do Tatuapé. São Paulo, p. 6, set. 1998.

SECCO, Alexandre. Especial A polícia bandida. *Revista Veja.* São Paulo, p. 84-97, ago. 1999.

# 7 - Sites[4]

ADORO Cinema. Disponível em: <adorocinema.cidadeinternet.com.br/filmes>. Acessado em: 24 nov. 2005.

BIBLIOTECA Digital. Disponível em: <www.teses.usp.br>. Acessado em: 24 nov. 2005.

DireitoNET. Disponível em: <www.direitonet.com.br/artigos/x/15/55/1555/>. Acessado em: 19 nov. 2005.

DIREITOS e desejos humanos no cyberspaço. Disponível em: <www.dhnet.org.br/direitos/penamorte/hebicudo.html>. Acessado em: 13 nov. 2005.

DRAKMAM. Disponível em: <geocities.yahoo.com.br/drakmam1/evolucao_do_crime.htm>. Acessado em: 13 nov. 2005.

DRAKMAM. Disponível em: <http://geocities.yahoo.com.br/drakmam1/notas1.htm>. Acessado em: 25 nov. 2005.

INSTITUTO Sou da Paz. Disponível em: <www.soudapaz.org.br/projetos/regioes.asp>. Acessado em: 19 nov. 2005.

MINISTÉRIO da Justiça. Disponível em: <www.mj.gov.br/senasp/estatisticas/estat_ocorrencia.htm>. Acessado em: 13 nov. 2005.

---

[4] A Editora Isis não se responsabiliza pelo conteúdo e disponibilidade dos sites mencionados no livro.

OKINAWA. Disponível em: <www.okinawa.com.br/cultura/ exprutinaguchi.htm>. Acessado em: 10 ago. 2005.

_____. Disponível em: <www.okinawa.com.br/cultura/ index.htm>. Acessado em: 10 ago. 2005.

REVISTA Espaço Acadêmico. Disponível em: <www. espacoacademico.com.br/007/07ray.htm>. Acessado em: 9 nov. 2005.

SEICHO NO IE do Brasil. Disponível em: <www.sni.org.br/artmateria.asp?codart=79>. Acessado em: 11 nov. 2005.

TEXTO VIVO. Disponível em: <www.textovivo.com.br>. Acessado em: 21 set. 2005 e 25 nov. 2005.

## 8 - Iconografia

Página 2 – Desenho feito por Ives na 1ª série do Ensino Básico – arquivo da família;

Página 4 – Formatura de Ives em 1995 – arquivo da família;

Página 10 – Família Miyashiro: Tsuru, Nio, filhos, noras, genros e netos – arquivo da família;

Página 12 – Navio Arizona Maru – acervo particular Nelson Carrera;

Página 23 – Ives com um ano de idade, em 1990 – arquivo da família;

Página 31 – Navio Argentina Maru – acervo particular Nelson Carrera;

Página 38 – Keiko e Massa na época do namoro – arquivo da família;

Página 47 – Festa de aniversário de Ives e Vanessa em 1996 – arquivo da família;

Página 52 – Última foto de Ives em 24 de agosto de 1998, aniversário do primo Anderson – arquivo da família;

Página 56 – Ives e os primos em 24 de agosto de 1998 – arquivo da família;

Página 64 – Ives aos 5 anos na Festa do Folclore – arquivo da família;

Página 71 – Ives e Vanessa no Natal de 1993 – arquivo da família;

Página 74 – Oratório de Ives – arquivo da família;

Página 80 – Keiko e Massa na Fundação Ives Ota – arquivo da família;

Página 86 – Massa discursa em evento – arquivo da família;

Página 90 – Keiko em palestra – arquivo da família;

Página 98 – Ises aos cinco anos – arquivo da família;

Página 101 – Massa em partida de futebol na Febem – arquivo da família;

Página 112 – Fachada da primeira sede do Movimento – arquivo da família;

Página 115 – Massa e Keiko na Carreata do Perdão, agosto de 2005 – arquivo da família.

# Anexos

## Movimento da Paz e Justiça Ives Ota

### Missão

O Movimento da Paz e Justiça Ives Ota tem como missão a valorização da vida através do amor, justiça e paz, desenvolvendo trabalhos que visam a reeducação e fortalecimento da autoestima do ser humano, conscientização da importância da estrutura familiar e do respeito ao próximo, contribuindo assim, para a construção de uma sociedade mais harmoniosa e justa.

## Principais objetivos

– Amparar, assistir e orientar – por todos os meios ao seu alcance – crianças, jovens e famílias vítimas da violência e da carência social. Necessitados e desprotegidos sem distinção de raça, cor, credo, sexo, nacionalidade ou condição social.

– Ser uma via de acesso para todos aqueles que necessitem de orientação pessoal e ajuda para o seu desenvolvimento mental e comportamental, objetivando mostrar direções e alternativas para o progresso de sua vida pessoal, familiar, profissional, social e espiritual.

– Promover ampla assistência psicológica e educacional, com foco nos cinco desejos básicos da criança, que são: ser amado, ser útil, ser elogiado, ser reconhecido e ser livre. Com o intuito de que ela construa uma autoestima elevada e possa, pouco a pouco, tornar-se inde-pendente e transformar-se num jovem e adulto que produz, colabora e ama o seu país.

---

**Sede do Movimento da Paz e Justiça Ives Ota**

Avenida Conselheiro Carrão, nº 3.260
Vila Carrão – São Paulo – SP
Tel: 11 2225-3145
movimentoivesota@ig.com.br
Atendimento: Segunda à sexta-feira, das 9h00 às 17h00.

**Programação:**
– Palestra sobre temas variados e aberta ao público, realizada todas as primeiras quartas-feiras do mês. Os convidados são professores, psicólogos, médicos, sociólogos e terapeutas.
– Orientação psicológica gratuita, oferecida de segunda à sexta-feira em horários específicos e previamente agendados.

# Calendário de Atividades

## Mães Sábias na Terra

Palestra realizada no mês de março, próximo ao Dia Internacional da Mulher, com o objetivo de valorizar a autoestima da mulher, enfocando sua missão como mulher, esposa e mãe. Apresentação de teatro, balé, grupos musicais e coquetel.

## Páscoa

Distribuição de ovos de páscoa na Praça Ives Ota para aproximadamente 5.000 crianças carentes da região e nas comunidades Zaki Narchi, Santana e Horto Florestal.

## Dia das mães

Evento realizado na sede do Movimento para as mães que perderam os filhos. Descoberta da missão e do compromisso desta vida como mãe. Proporcionar orientação que as façam entender a partida dos filhos.

## Festa Julina

Realizada na rua da Instituição, no mês de julho. Nela são montadas barracas que oferecem comidas típicas, brincadeiras, apresentação de quadrilhas e outras atrações.

## Missa em Memória de Ives Ota

Carreata anual realizada no mês de agosto, com saída da Praça Ives Ota. Passa pelas principais avenidas de São Paulo rumo ao

Santuário Bizantino, onde é celebrada a missa pelo Padre Marcelo Rossi e Bispo Dom Fernando. O evento reúne aproximadamente 4.000 pessoas.

## Romaria para aparecida do norte

Participação em caravana dos caminhoneiros no mês de novembro, em romaria para o Santuário de Nossa Senhora Aparecida.

## Natal

Festa realizada na Praça Ives Ota para as crianças carentes da região, com distribuição de brinquedos e lanches. É montado um palco onde são realizadas apresentações de grupos de dança, cantores, palhaços e culmina com a chegada do Papai Noel em um carro dos bombeiros.

Este Livro foi impresso nas oficinas
da Editora Gráficos Unidos Ltda
0xx11 3208-4321
E-mail: editoragraficos@uol.com.br